대한민국 No.1 루미온 3D 사용자 카페의

Lumion3D

Fast Rendering for Architects

강석거 지음

 성안당
www.cyber.co.kr

Foreign Copyright:
Joonwon Lee
Address: 10, Simhaksan-ro, Seopae-dong, Paju-si, Kyunggi-do,
         Korea
Telephone: 82-2-3142-4151
E-mail: jwlee@cyber.co.kr

대한민국 No.1 루미온 3D 사용자 카페의
Lumion3D

2018. 9. 14. 초 판 1쇄 인쇄
2018. 9. 21. 초 판 1쇄 발행

지은이 | 강석거
펴낸이 | 이종춘
펴낸곳 | BM 주식회사 성안당
주소 | 04032 서울시 마포구 양화로 127 첨단빌딩 5층(출판기획 R&D 센터)
       10881 경기도 파주시 문발로 112 출판문화정보산업단지(제작 및 물류)
전화 | 02) 3142-0036
       031) 950-6300
팩스 | 031) 955-0510
등록 | 1973. 2. 1. 제406-2005-000046호
출판사 홈페이지 | www.cyber.co.kr
ISBN | 978-89-315-5578-3 (13000)
정가 | 29,800원

이 책을 만든 사람들
책임 | 최옥현
진행 | 조혜란
기획 · 진행 | 앤미디어
교정 · 교열 | 앤미디어
본문 · 표지 디자인 | 앤미디어
홍보 | 박연주
국제부 | 이선민, 조혜란, 김혜숙
마케팅 | 구본철, 차정욱, 나진호, 이동후, 강호묵
제작 | 김유석

■ 도서 A/S 안내

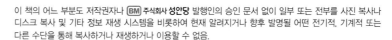

성안당에서 발행하는 모든 도서는 저자와 출판사, 그리고 독자가 함께 만들어 나갑니다.
좋은 책을 펴내기 위해 많은 노력을 기울이고 있습니다. 혹시라도 내용상의 오류나 오탈자 등이 발견되면 **"좋은 책은 나라의 보배"**로서 우리 모두가 함께 만들어 간다는 마음으로 연락주시기 바랍니다. 수정 보완하여 더 나은 책이 되도록 최선을 다하겠습니다.
성안당은 늘 독자 여러분들의 소중한 의견을 기다리고 있습니다. 좋은 의견을 보내주시는 분께는 성안당 쇼핑몰의 포인트(3,000포인트)를 적립해 드립니다.
잘못 만들어진 책이나 부록 등이 파손된 경우에는 교환해 드립니다.

건축 실무와
디자인 도구로서의 루미온

책을 집필하면서 개인적으로 갖고 있던 수많은 질문에 답을 찾아 헤매던 기억을 다시 한 번 해 보게 됩니다. 그렇게 내가 던진 수많은 질문인 '왜?'를 통해서 알고 싶어 하고 궁금해 하는 질문을 정리하여, 한권의 책으로 완성이 되었습니다. 그리고 이 책을 통해 나와 같은 생각으로 루미온(Lumion)을 공부하는 분들이 조금이나마 시간 절약을 할 수 있는 활용서가 되었으면 하는 마음입니다.

루미온을 처음 접하는 분들이 관련 책이 없다는 문의를 많이 하셨고, 기다리고 있는 것을 잘 알고 있습니다. 루미온은 현재 CPU 렌더링 방식에서 GPU 렌더링 방식으로의 전환점을 만든 훌륭한 솔루션입니다. 우리는 GPU 방식을 통해 보다 빠른 속도로 CG 이미지와 영상을 제작할 수 있게 되었고, 복잡한 렌더링 알고리즘을 공부할 필요가 없어졌습니다. 처리 속도의 비약적인 발전 덕분에 클라이언트가 디자인을 빠르게 결정할 수 있게 되었을뿐만 아니라, 시간 절감 효과로 회사의 이익이 극대화되고 있습니다. 이런 시간의 이윤 창출로, 건축 BIM 시장과 SketchUp 사용자를 중심으로 급속도로 현장에서 사용되고 있어, 하나의 패러다임으로 정착되고 있습니다.

이 책에서는 루미온 8.0의 신기능을 중심으로 첫 단원을 시작하여, 각각의 기능을 실무 예제 중심으로 정리하였으며, 최종적으로 실내와 실외에 전체적인 실무를 직접 따라하기 과정을 넣어 앞서 설명한 루미온 기능을 유기적으로 조합하는 방법을 정리하여 구성하였습니다. 또한 설명하는 과정에 나오는 매뉴얼의 모든 기능을 별도로 정리하여, 궁금한 내용은 언제든 찾아 이해할 수 있도록 구성하였습니다. 이것은 이 책의 최대의 장점으로, 예제와 매뉴얼(사전)으로 구성하여 한 권의 책이 두 권의 효과를 낼 수 있도록 만들었습니다.

완성도 높은 책을 만들어 주신 성안당 출판사 담당자와 기획자분들에게 감사드리며, 책의 모델링을 활용할 수 있게 해 주신, 배경건축 장치화 사장님, 삼정건축 강정연 소장님에게 다시 한 번 감사드립니다. 그리고 무엇보다 루미온을 다룰 수 있도록 기회를 주신 한국인프라 김기영 사장님과 이하 임직원께 감사드립니다. 마지막으로 주말과 여름 휴가기간 동안 집필 작업에 몰두할 수 있도록 도와준 가족에게 감사합니다.

저자 **강석거**

Contents

PART 01

루미온 3D 알아보기

PART 02

기본 기능 및 환경 마스터하기

Contents

Movie Add Effect 적용하기

Contents

스케치업 모델링 활용하기

3ds Max 모델링을
활용해 익스테리어 영상 제작하기

LUMION 3D

루미온 3D
알아보기

루미온 3D를 소개하고, 설치 과정을 알아본 다음,
루미온 8.0에서 추가된 새로운 기능을 직접 따라해 보
면서 살펴봅니다. 각각의 기능은 실무 예제를 중심으로
정리하였으며, 루미온과 SketchUp을 동기화하는
방법 또한 살펴보겠습니다.

OO1 루미온 3D 시작하기

루미온 설치 과정, 제품이 요구하는 PC 사양, 루미온의 구성 및 작업에 필요한 초기 설정 등을 알아봅니다. 여기서 설정한 모든 옵션은 이후 진행하는 예제에서 추가 설명하지 않습니다.

1 루미온이란?

루미온은 네덜란드 ACT-3D사 제품으로, 2006년 ACT-3D 게임 엔진을 기반으로 개발하기 시작하여 2010년 Lumion Ver.1이 처음 발표되어 상용화를 시작했습니다. 건축에 특화된 루미온은 매년 업그레이드되어, 현재는 Lumion Ver 8.5에 이르고 있습니다.

루미온은 시각화 솔루션으로, VRay, Mental Ray 등과 같은 렌더링(Rendering) 프로그램입니다. 기존의 렌더링 솔루션이 CPU 기반인 반면, 루미온은 GUP 기반의 렌더링 솔루션이라는 차이점이 있습니다. 기존의 CPU 기반 렌더링 방식은 결과물이 만들어지기까지 많은 시간이 필요했지만, 루미온은 기존 방식의 1/10 이하의 시간으로 결과물을 만들어내는 장점이 있습니다.

건축 설계 시장에서 시시각각 변하는 고객의 요구에 따라 빠르고 높은 품질의 결과물이 요구되고 있으며, 기업은 저렴한 CG 비용이 요구되고 있습니다. 루미온은 이런 건축 설계 환경에 적합한 최고의 솔루션입니다.

2 시각화 작업 순서

루미온의 시각화 작업은 다음의 순서로 진행됩니다. 일반적인 영상 제작 과정보다 단계 수가 현저히 적은 것을 확인할 수 있습니다.

일반적인 영상 제작공정

| 모델링 | 라이팅 | 애니메이션 | 카메라셋팅 | 렌더링 | 합성/효과 | 편집 | 영상저장 |

(2～3주)

루미온 영상 제작공정

| 모델링 | 루미온작업 | 영상저장 |

(2～3일)

루미온은 기존 CG 제작과 같이 여러 그래픽 프로그램을 경유할 필요가 없습니다. 또한, CPU 렌더링 방식처럼 많은 렌더링 시간이 필요하지 않습니다. 이러한 장점 덕분에 루미온은 BIM 설계, SketchUp, 3ds Max 모델링을 사용하는 건축사를 중심으로 폭넓게 확산되고 있습니다.

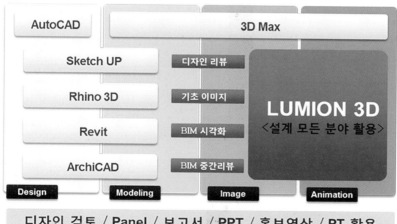

Architectural Design Tool
: 설계에 활용되는 기초부터 전문 프로그램까지 모든툴과 호환 가능하며 쉽게 응용 가능

디자인 검토 / Panel / 보고서 / PPT / 홍보영상 / PT 활용

···TIP···

영상 제작 과정

루미온에서 영상을 만드는 과정을 상세히 기술하면 다음과 같습니다.

Import(3D 데이터) ➜ Material(재질 적용) ➜ Light(조명 설정) ➜ Object(사람, 나무, 자동차 개체) 배치 ➜ Camera(View 설정) ➜ Animation 생성(카메라 및 Object 움직임 생성) ➜ Rendering ➜ 이미지/영상 결과물 제작 완료

3 루미온 설치하기

상업용 루미온을 구입하면 신청한 메일 주소로 설치 파일 다운로드 URL과 라이선스 키, 활성 코드 등이 전송됩니다. 정품 인증 후 루미온을 설치하는 방법을 알아봅니다.

01 루미온 구입 시 신청한 메일 주소로 전송된 메일을 열고 '여기를 클릭하여'를 선택합니다.

02 루미온 8.3의 새로운 기능을 소개하는 사이트가 열리면 확인한 다음 창을 닫습니다. 메일 화면의 '다운로드 안내 Lumion 8.3.'에서 Step3의 '여기를 클릭하여'를 선택합니다.

03 화면 아래쪽에 Lumion 8.3 다운로드 실행 파일이 표시되면 왼쪽 화살표를 클릭하여 '열기'를 실행합니다.

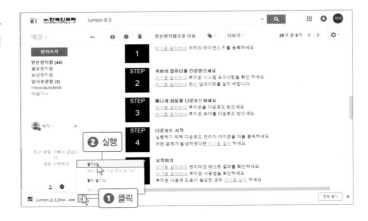

04 Lumion8_3 download manager 창이 표시되면 메일 화면에서 활성 코드를 복사하여 붙여넣고 〈OK〉 버튼을 클릭합니다.

05 다운로드한 폴더를 열고 표시된 하위 파일 중 'Lumion_8_3_LUM8PRO'를 더블클릭하여 실행합니다.

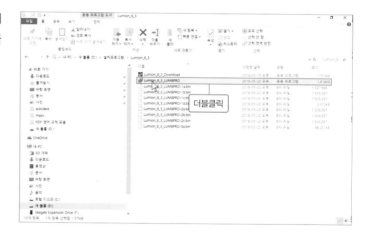

06 Setup-Lumion 8.3 대화상자가 표시되면 루미온을 저장할 파일 경로를 지정하고 〈Next〉 버튼을 클릭합니다.

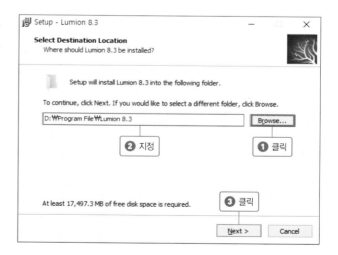

07 'Create a desktop icon'에 체크된 것을 확인하고 〈Next〉 버튼을 클릭합니다.

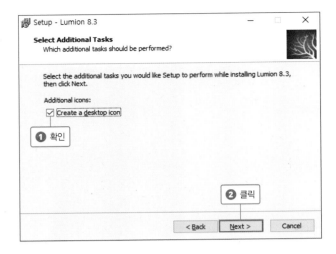

08 파일 경로와 아이콘 생성 유무를 다시 확인한 후 〈Install〉 버튼을 클릭합니다.

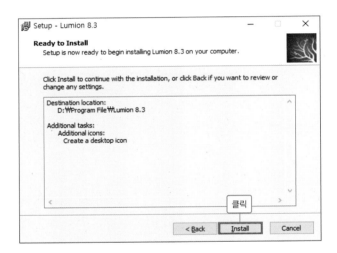

09 설치 진행 과정을 확인한 다음, 설치가 완료되면 〈Finish〉 버튼을 클릭하여 종료합니다.

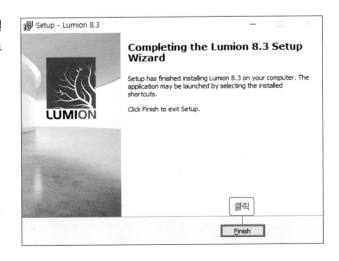

4 루미온 살펴보기

루미온은 시각화 전문 솔루션으로, 게임 엔진을 기반으로 건축 시장에 맞게 최적화하여 현존하는 어떤 솔루션보다 빠르고 강력한 결과물을 제공하는 렌더링 전문 솔루션입니다. 렌더링 결과물은 영상, 이미지, VR(가상 환경)로 제공되며, Mylumion으로 제작된 결과물은 PC, 스마트폰에서 실시간으로 미리 보기(Viewing)가 가능합니다.

1 | 루미온 실행 화면

다음 화면은 루미온 8.0 실행 시 나타나는 화면입니다. 왼쪽 아랫부분에 표시된 아이콘 메뉴를 이용하면 다양한 오브젝트를 배치하고 옵션을 설정할 수 있습니다.

① **Hide Icon** : 작업 화면 왼쪽에 마우스 커서를 가져가면 표시되는 아이콘 메뉴입니다. Weather(대기환경), Landscape(지형), Material(재질), Object(파일, 오브젝트 불러오기) 메뉴가 표시되며, 각 아이콘을 클릭하면 화면 아래에 관련 인터페이스가 표시됩니다.

② **Selection Menu** : Hide Icon을 선택하면 표시되는 세부 메뉴입니다.

③ **Output/파일 저장 Menu** : 영상 출력 방법과 시스템 환경 설정, 전체 파일 저장 관리와 관련된 메뉴입니다.

2 | 루미온 지원 파일 포맷

루미온에서 제공하는 3D 제작 솔루션은 스케치업(SketchUp), 3D 맥스(3ds Max), 오토캐드(AutoCAD), Nemetscheck Allplan, 레빗(Revit), ArchiCAD, 라이노(Rhinoceros), Bentley Microstation, 시네마(Cinema) 4D 등이 있습니다. 3D Models로 불러와서 작업할 수 있는 파일 형식은 dea, fbx, max, 3ds, obj, dwg, dfx, skp이 있으며, 재질로 사용할 수 있는 Image 파일 형식은 tga, dds, jpg, bmp, png가 있습니다.

3 | 시스템 최소 및 권장 사항

루미온을 실행하기 위한 최소 사양 및 권장 사항은 다음과 같습니다. 사양이 낮을 경우 프로그램 실행 시 속도가 느릴 수 있습니다.

구분	시스템 최소 사항	시스템 권장 사항
지원 운영체제	Windows 7 SP1(64비트), Windows 8.1(64비트) 또는 Windows 10(64비트), Vista SP2	Windows 10(64비트)
CPU	3.0 GHz 이상	4.0 GHz 이상
Memory	8GB	16GB
그래픽 카드	2GB 그래픽 메모리, Direct X 11 이상 (PassMark points 2,000 이상)	6GB 그래픽 메모리, Direct X 11 이상 (PassMark points 8,000 이상)

4 | 루미온 / 루미온 프로 비교

	Lumion	Lumion Pro
Foliage for materials	X	O
PureGlass	X	O
Area/Line Lights	X	O
Model library	1,465	4,395
OpenStreetMap import	X	O
Merge project files for team use	X	O
High quality animated 3D people from aXYZ Design	X	130
3D Sound Effects	X	123
Title effect styles	14	27
2D background sound/music import (WAV)	X	O

5 루미온 환경 설정하기

루미온을 시작하기 위한 작업 환경을 설정하겠습니다. 프로그램 언어를 선택하고 작업 환경에 맞는 Unit을 설정한 다음 작업 공간의 디스플레이를 효율적으로 활용할 수 있도록 나무와 지형의 퀄리티 설정을 정리해 보겠습니다.

01 　루미온을 실행한 후 루미온 환경에 사용할 언어를 선택하기 위해 화면 위쪽에서 〈Change language〉 버튼을 클릭합니다.

02 　Change language 창이 열리면 원하는 언어를 선택하여 변경할 수 있습니다. 기본 설정된 언어는 'English' 입니다.

03 　루미온을 실행 중인 컴퓨터의 작업 환경과 속도를 확인하기 위해 시작 화면의 왼쪽 아랫부분에서 'Computer Speed'를 클릭합니다.

04 Benchmark Results 창에서 각 항목을 확인한 다음 'OK' 아이콘(☑)을 클릭합니다.

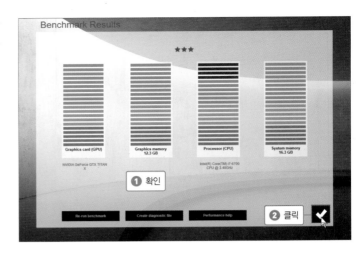

05 화면 위쪽의 세 개의 탭을 살펴보겠습니다. 먼저 [Start] 탭에서 루미온의 작업 환경을 선택할 수 있습니다. 총 여섯 개의 작업 환경 중 하나를 선택해야 합니다.

··· TIP ···
루미온은 게임 엔진 기반이기 때문에 반드시 배경을 선택해야 작업이 진행됩니다.
···

06 [Examples] 탭을 클릭하면 기본 예제 파일을 선택할 수 있습니다. 총 아홉 개의 예제 파일이 제공됩니다.

07　　[Load Scece] 탭을 클릭합니다. Recent scenes에 최근에 작업한 파일이 표시되고, 〈Load scene...〉 버튼을 클릭하여 이전에 작업한 파일을 불러올 수 있습니다.

08　　루미온의 작업 환경을 사용자에 맞춰 변경하기 위해 'Settings' 아이콘(⚙)을 클릭합니다.

09　　Settings 창이 열리면 'Disable high quality terrain' 아이콘(△)과 'Always show full quality tree in the editor' 아이콘(♤)을 클릭한 다음 Measures의 'm(Metric Units)'을 클릭하여 활성화하고 'OK' 아이콘(✔)을 클릭합니다.

······TIP······

Settings 창에서 위쪽의 아이콘들을 클릭하면 색상이 검은색에서 파란색으로 바뀌고 명칭 또한 바뀝니다. 예를 들어, 'Enable high quality terrain' 아이콘(△)을 클릭하여 활성화하면 아이콘이 파란색으로 표시되고 'Disable high quality terrain'으로 명칭이 바뀝니다.

Lumion Settings Option

루미온의 환경 설정 옵션은 다음과 같습니다.

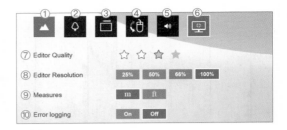

① Disable high quality terrain : 렌더링과는 상관 없이 원경에 보이는 산의 표시 여부를 설정합니다.

〈Off〉　　　　　　　　　　　　　　　〈On〉

② Always show full quality tree in the editor(On/Off) : 렌더링과는 상관 없이 나무와 잔디 등을 원경까지 표현할 것인
　 지 설정합니다.

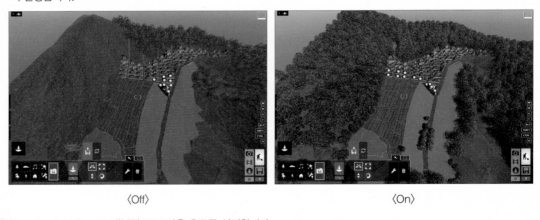

〈Off〉　　　　　　　　　　　　　　　〈On〉

③ Toggle tablet input : 태블릿 모드 사용 유무를 설정합니다.

④ Enable Inverted Up/Down Camera Pan : 위/아래 카메라 방향을 반전합니다.

⑤ Mute sound(editor only) : 라이브러리에 있는 3D Sound의 재생 여부를 설정합니다.

⑥ Go/Exit Full Screen : 현재 화면을 전체 창으로 표시하거나 해제합니다.

⑦ Editor Quality : 저사양 PC에서 프로그램을 실행할 수 있도록 루미온 화면의 품질을 조정합니다. 별을 클릭하여 갯수가
　 늘어날수록 고사양으로 설정할 수 있습니다.

⑧ Editor Resolution : 빌드 모드의 해상도를 설정합니다.

⑨ Measures : 루미온의 단위(미터/인치)를 설정합니다.

⑩ Error logging : 오류 발생 시 Save error log file에서 설정한 경로와 이름으로 로그 정보를 저장합니다.

CHAPTER

002 루미온 8.0 새로운 기능 알아보기

2017년 10월, 루미온 8.0 버전이 출시되었습니다. 새롭게 추가된 루미온의 주요 기능을 알아봅니다. 추가된 기능을 살펴보면 작업의 편의성을 도와주는 기능뿐만 아니라 Material, Movie Filter 등 많은 부분이 발전한 것을 알 수 있습니다.

1 Movie Filter 살펴보기 – Select Style

이전 버전까지의 루미온은 결과물은 좋지만, 설정 값을 지정하기 어렵다는 말을 듣곤 했습니다. 루미온 8.0은 Movie Filter의 Select Style에서 아홉 가지 환경을 제공하며, 누구나 손쉽게 고품질의 결과물을 만들 수 있습니다.

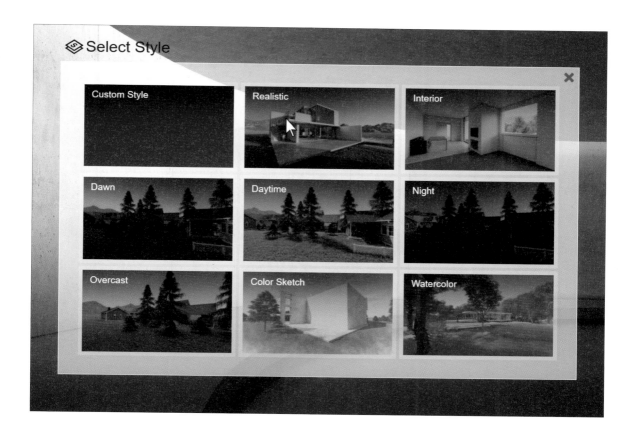

2 라이브러리 오브젝트 배치하기 – Mass Placement

Mass Placement는 루미온에서 제공하는 다양한 라이브러리 오브젝트를 손쉽게 배치하는 기능으로, 자동차, 사람, 나무 그리고 외부에서 불러들인 파일(fbx, skp, obj...)에 사용할 수 있습니다. 일직선 배치만 가능했던 이전 버전과 달리, 루미온 8.0은 다꼭지선으로 배치할 수 있어 효율적인 작업이 가능합니다.

01 　루미온을 실행하면 그림과 같은 시작 화면이 표시됩니다. 루미온에서 기본적으로 제공되는 여섯 개의 작업 환경 중 하나를 선택해야 합니다. [Start] 탭에서 'Plain'을 더블클릭하여 실행합니다.

02 　마우스 커서를 작업 화면 왼쪽에 가져가면 아이콘 메뉴가 표시됩니다. 표시된 아이콘 중 맨 아래에 있는 'Objects' 아이콘(■)을 클릭합니다. 화면 아래에 Object 관련 인터페이스가 표시됩니다.

03 　작업 화면에 오브젝트를 배치하기 위해 'Nature' 아이콘(■)을 클릭합니다. 'Place Object' 아이콘(■) 위에 나무 이미지가 표시되면 나무 이미지를 더블클릭합니다.

04 Nature Library 창이 표시되면 원하는 나무 오브젝트를 더블클릭하여 선택합니다.

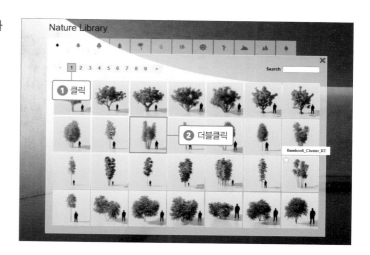

05 선택한 나무 오브젝트를 배치하기 위해 'Mass Placement' 아이콘(◥)을 클릭하고 ⓠ 키를 눌러 시점을 위로 변경합니다.

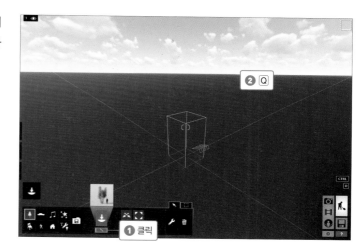

06 기본 배치 동선을 만들기 위해 화면에서 임의의 공간을 클릭한 다음 마우스 커서를 앞쪽으로 이동합니다. 그림과 같이 오브젝트의 배치를 돕는 Mass Placement Gizmo가 표시되면 두 번째 지점을 선택합니다.

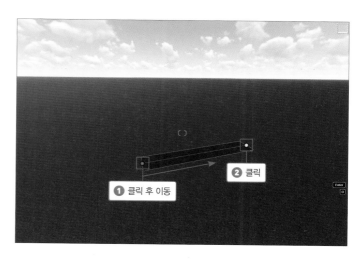

07 　두 지점 사이에 표시된 직선을 따라 나무 오브젝트가 화면에 배치됩니다. 이어서 추가 지점을 선택하기 위해 Ctrl 키를 누릅니다. 마우스 커서와 근접한 지점에서 점선이 표시된 것을 확인한 후 클릭합니다. 나무 오브젝트가 점선 모양을 따라 배치됩니다.

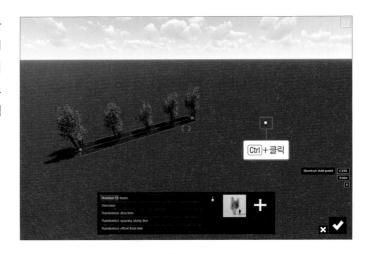

08 　이전 과정에서 선택한 지점의 반대쪽에 있는 지점 근처로 마우스 커서를 이동하고 Ctrl 키를 누릅니다. 그림과 같이 반대편에서 점선이 표시된 것을 확인한 후 클릭합니다.

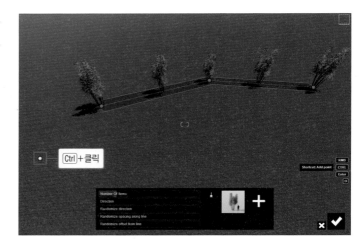

09 　중간에 있는 지점을 이동해 보겠습니다. 추가한 지점 중 이동하려는 지점을 클릭합니다. 다른 지점보다 밝은 흰색으로 표시되면서 활성화되면 드래그하여 위치를 변경합니다.

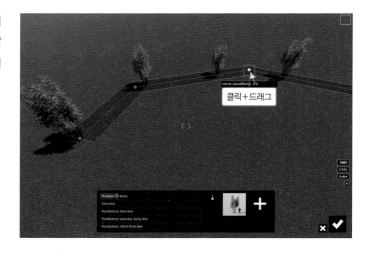

10 선택된 지점의 아래에 표시된 Corner smoothness의 팝업 Bar를 클릭하고 드래그하면 곡선을 만들 수 있습니다. Corner smoothness 값이 클수록 부드러운 곡선이 표현됩니다.

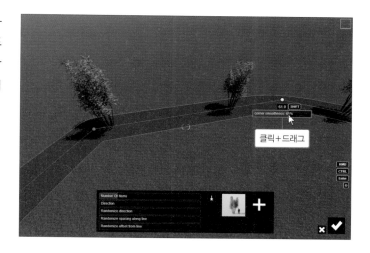

11 추가한 지점 중 특정 지점을 지워보겠습니다. 지우려는 지점을 마우스 오른쪽 버튼으로 클릭합니다.

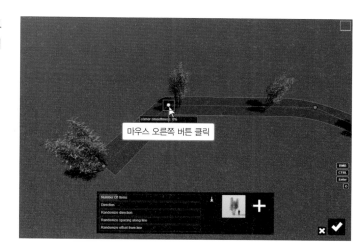

12 그림과 같이 선택한 지점이 삭제된 것을 확인할 수 있습니다. 다시 중간에 지점을 추가하기 위해 [Ctrl] 키를 누른 채 두 지점 사이를 클릭합니다.

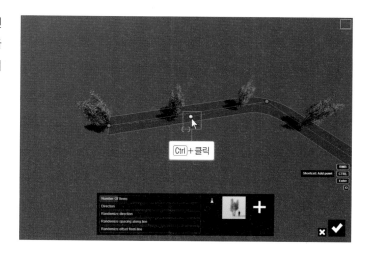

13 화면 아래쪽의 Mass Placement 창에서 Number of Items를 '20', Randomize offset from line를 '1.3'으로 설정하여 나무 오브젝트의 수를 늘리고 오브젝트가 배치될 Mass Placement Gizmo의 폭을 넓힙니다.

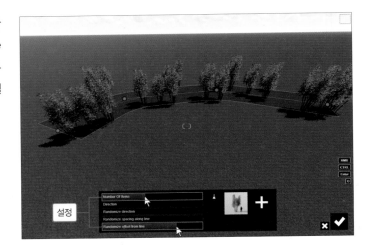

14 다른 유형의 나무 오브젝트를 추가하기 위해 Mass Placement 창에서 '+' 아이콘(➕)을 클릭합니다.

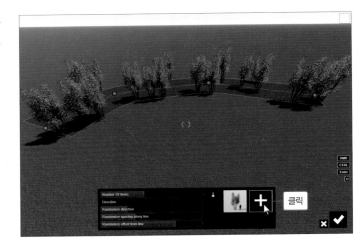

····TIP·····

Mass Placement Interface Option

① Number of Items : 오브젝트의 수를 설정합니다.
② Direction : 오브젝트의 방향을 지정합니다.
③ Randomize direction : 오브젝트의 방향을 임의로 지정합니다.
④ Randomize spacing along line : 오브젝트의 앞/뒤 공간을 임의로 지정합니다.
⑤ Randomize offset from line : 오브젝트의 양쪽 공간을 임의로 지정합니다.

15 Nature Library 창이 표시되면 [Leaf_Large] 탭의 두 번째 페이지에서 'EuropeanBeech_S_HQ'를 더블클릭하여 선택합니다.

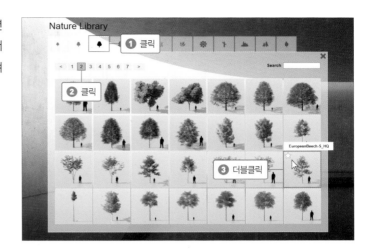

16 같은 방법으로 여러 유형의 나무 오브젝트를 추가할 수 있습니다. 나무 오브젝트의 배치를 마치면 화면 오른쪽 아랫부분에서 'OK' 아이콘(☑)을 클릭하여 Mass Placement를 종료합니다.

17 화면에 배치된 오브젝트의 위치를 변경하기 위해 'Move Object' 아이콘(⤢)을 클릭하면 나무 오브젝트 아래에 흰색 원이 표시됩니다. 이 원을 클릭 후 드래그하면 원하는 위치에 오브젝트를 재배치할 수 있습니다.

3 그룹 설정하고 영상 만들기 – Select Group

Select Group은 다른 종류의 오브젝트를 그룹으로 지정하는 기능입니다. 이 기능이 추가되면서 이전에는 불가능하던 작업들이 가능하게 되었습니다. 예를 들어, 야간에 자동차가 달리는 장면을 만들 때 조명 오브젝트와 자동차 오브젝트를 하나의 그룹으로 만든 후 움직이는 것이 가능해지면서 더욱 편리하게 작업할 수 있게 되었습니다.

1 | 그룹 지정하기

01 새로운 작업 환경을 열기 위해 루미온 시작 화면의 [Start] 탭에서 'Plain'을 더블클릭하여 실행합니다.

02 마우스 커서를 작업 화면 왼쪽에 가져간 후 아이콘 메뉴가 표시되면 'Objects' 아이콘(⬇)을 클릭합니다. 화면 아래에 Object 관련 인터페이스가 표시됩니다.

03 작업 화면에 자동차 오브젝트를 배치하기 위해 'Transport' 아이콘(🚗)을 클릭합니다. 'Place Object' 아이콘(⬇) 위에 배 이미지가 표시되면 배 이미지를 더블클릭합니다.

04 Transport Library 창이 표시되면 [Cars] 탭의 첫 번째 페이지에서 'Car_013'을 더블클릭하여 선택합니다.

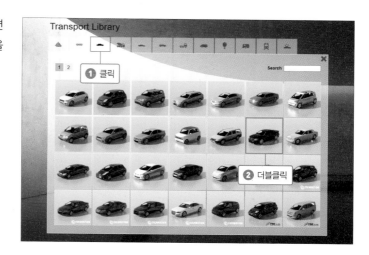

05 화면 가운데를 클릭하여 선택한 오브젝트를 배치합니다. 자동차 오브젝트의 색상을 변경하기 위해 'Show more properties' 아이콘(■)을 클릭합니다.

06 Vehicle Color 창에서 원하는 색상을 클릭하여 자동차 오브젝트의 색상을 변경합니다.

07 자동차 오브젝트를 중심으로 시점을 변경하기 위해 자동차를 마우스 오른쪽 버튼으로 더블클릭합니다.

08 Vehicle Color 창을 보면 두 가지 기능이 있습니다. 'Show driver'는 운전자 생성 유무를 설정할 수 있는 기능이고, 'Lights'는 자동차 앞뒤 조명을 켜거나 끌 수 있는 기능입니다. 그림과 같이 Lights의 밝기를 최대 수치로 설정합니다.

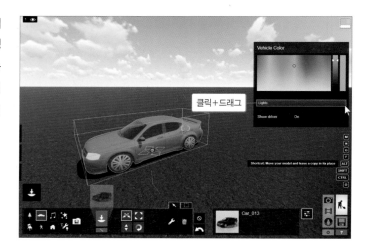

09 자동차 조명이 두드러지도록 하늘의 밝기를 변경하기 위해 마우스 커서를 작업 화면 왼쪽에 가져간 후 'Weather' 아이콘(⬛)을 클릭합니다.
Weather 관련 인터페이스가 표시되면 Sun height를 아래로 드래그하여 어두운 하늘을 만듭니다.

10　자동차 헤드라이트 부분에 Light를 추가하기 위해 **Objects → Light And Utilities → Select Object**를 클릭합니다.

11　Light And Utilities Library 창이 열립니다. [Spotlights] 탭의 첫 번째 페이지에서 'Lamp11'을 더블클릭하여 선택합니다.

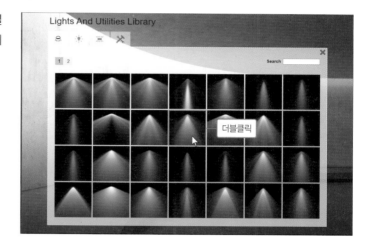

12　화면에서 자동차 오브젝트의 헤드라이트 부분을 클릭하여 조명을 만들어 줍니다.

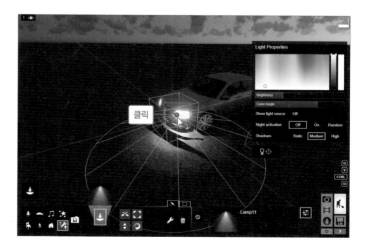

13 추가한 Light의 방향을 변경하기 위해 'Rotate' 아이콘()을 클릭한 후 앞쪽으로 드래그합니다.

14 'Move Object' 아이콘(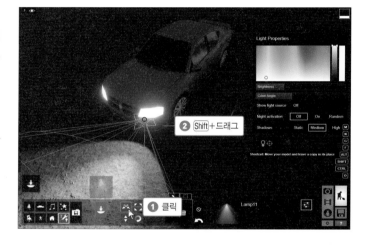)을 클릭한 다음 Shift 키를 누른 채 Light를 움직이면 지정된 방향을 유지하면서 위치를 재조정할 수 있습니다.

····TIP····

Move 활용하기
- Move + Shift : 수평 이동
- Move + Alt : 이동 복제
- Move + Shift + Alt : 수평 이동 복제

15 Shift + Alt 키를 누른 채 드래그하여 현재 선택된 Light를 복제합니다.

····TIP····

반드시 Shift 키를 누른 채 이동합니다.

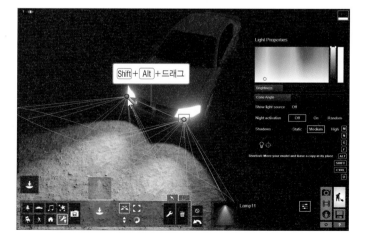

16 화면에서 자동차와 조명을 모두 선택하기 위해 오브젝트 인터페이스 화면에서 'Move Mode' 아이콘(📷)을 클릭하고 Ctrl 키를 누른 채 자동차와 조명 오브젝트를 드래그하여 모두 선택합니다.

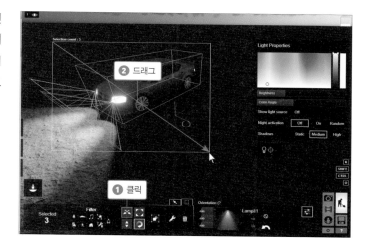

17 'Create Group' 아이콘(📷)을 클릭하여 선택한 오브젝트를 하나의 그룹으로 만듭니다.

···TIP··

Group Option

① Add current selection to group : 선택한 그룹에 오브젝트를 추가합니다.
② Edit group : 그룹으로 지정된 오브젝트를 재조정합니다.
③ Ungroup : 그룹을 해제합니다.

···

2 | 그룹 오브젝트 영상 만들기

01 그룹으로 만든 자동차 오브젝트를 움직여 영상으로 만들어 보겠습니다. 자동차 오브젝트를 선택한 상태에서 'Movie' 아이콘(▦)을 클릭합니다.

02 카메라의 움직임을 만들기 위해 동영상 창이 표시되면 첫 번째 Scene을 선택한 후 'Record' 아이콘(■)을 클릭합니다.

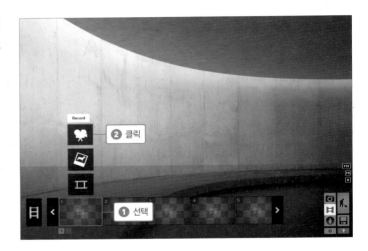

03 마우스 휠을 이용하여 그림과 같이 멀리서 자동차가 보이도록 시점을 조정하고 'Take Photo' 아이콘(▣)을 클릭하여 Scene을 저장합니다.

04 자동차 오브젝트를의 앞쪽으로 화면을 드래그하여 움직이면서 'Take Photo' 아이콘()을 순서대로 두 번 클릭합니다.

····TIP····················
저장한 각 장면을 연결하여 동영상을 만들기 위한 과정입니다.
··

05 동영상 키프레임 작업이 완료되면 오른쪽 아랫부분의 'Back' 아이콘(✔)을 클릭합니다.

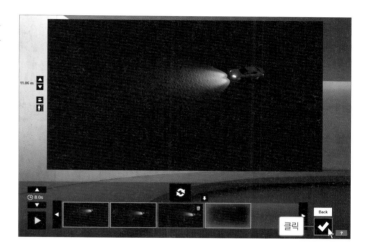

06 자동차 오브젝트를의 움직임을 만들기 위해 'Add Effect(FX)' 아이콘(FX)를 클릭합니다.

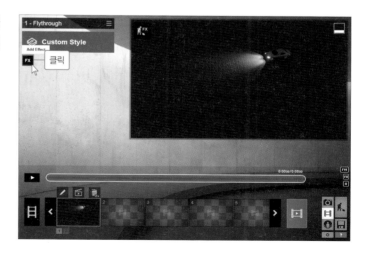

07 Select Clip Effect 창이 표시되면 [Scene and Animation] 탭에서 'Mass Move'를 더블클릭하여 선택합니다.

08 Mass Move 창에서 'Edit' 아이콘( )을 클릭합니다.

09 화면에서 자동차 오브젝트의 앞뒤에 시작점과 끝점을 각각 클릭하여 이동 경로를 지정한 다음 Path Width를 '4.48m'로 설정합니다.

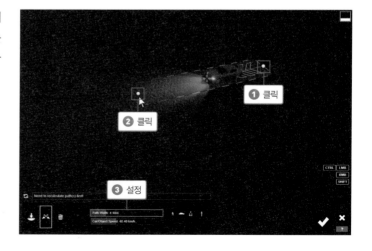

10   Ctrl 키를 눌러 끝점에서 연장선을 만듭니다. 마우스 커서를 앞쪽으로 이동하고, Ctrl 키를 누른 채 클릭하여 새로운 지점을 추가합니다.

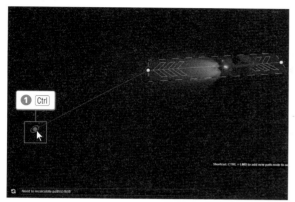 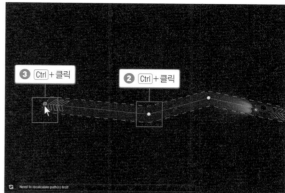

11   오브젝트의 이동 경로에서 각진 지점을 클릭합니다. 화면 아래쪽의 Path Corner Node 창에서 Smoothness를 '41%'로 설정합니다. 이동 경로가 부드러운 곡선으로 변경됩니다.

12   같은 방법으로 각진 지점을 클릭하여 선택하고 Smoothness를 '41%'로 설정합니다.

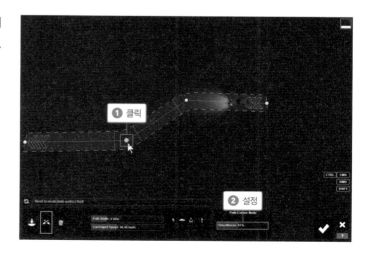

13 Car/Object speed를 '50Km/h'로 설정하여 자동차 오브젝트의 이동 속도를 조정하고, 'Back' 아이콘(☑)을 클릭합니다.

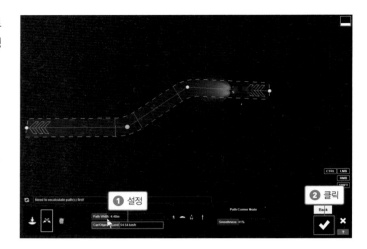

14 'Play' 아이콘(▶)을 클릭하여 동영상이 제대로 재생되는지 확인한 다음 동영상 파일을 만들기 위해 'Render Movie' 아이콘(🖽)을 클릭합니다.

15 Render Movie 창이 표시되면 최종 영상의 크기를 'HD'로 지정하고 렌더링합니다. 확장자가 'MP4'인 영상이 제작됩니다.

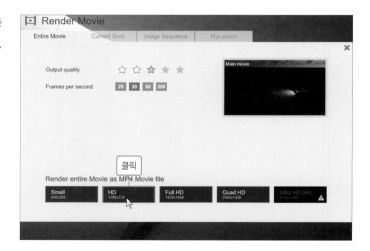

4 다양한 유리 질감 표현하기 – Material_Pure Glass

Material에 추가된 Pure Glass 기능을 소개한 다음 이 기능을 중심으로 다양한 질감의 유리를 표현하는 방법을 알아봅니다.

1 | 건물 오브젝트 외형 만들기

|예제 및 결과 파일| Part_1\Section_2_3.FBX

01 새로운 작업 환경을 엽니다. 마우스 커서를 작업 화면 왼쪽에 가져간 후 'Objects' 아이콘(⬇)을 클릭합니다.

화면 아래에 Object 관련 인터페이스가 표시되면 'Imports' 아이콘(🖳)을 클릭합니다.

02 다양한 유리 질감을 표현하려면 먼저 건물 오브젝트가 필요합니다. 실습에 필요한 예제 파일을 불러오기 위해 'Import New Mode' 아이콘(🖳)을 클릭하여 [열기] 대화상자를 표시하고 Part_1 폴더의 'Section_2_3.FBX' 파일을 선택한 다음 〈열기〉 버튼을 클릭합니다.

···· TIP ····

성안당 홈페이지(http://www.cyber.co.kr/) 화면에서 [자료실] 버튼을 클릭한 다음 페이지 메뉴에서 [자료실/바로가기] 탭을 클릭하세요. 검색 창에 '루미온3D'를 입력한 다음 [검색] 버튼을 클릭하여 예제 파일을 다운로드합니다.

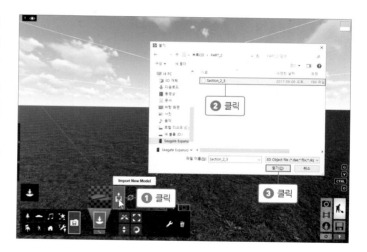

03 화면에 건물 오브젝트가 표시되면 위치를 지정합니다. 마우스 휠을 이용하여 그림과 같이 모델링이 보이도록 확대합니다.

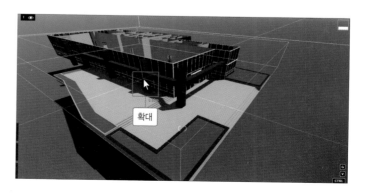

04 'Material' 아이콘(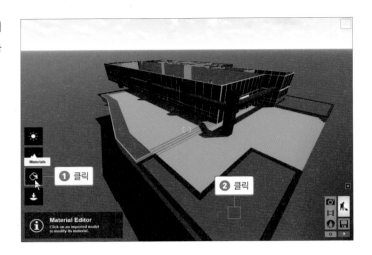)을 클릭하여 활성화하고 건물 오브젝트의 바깥쪽에 있는 녹지 부분을 선택합니다.

05 Material Library 창이 표시됩니다. 녹지 부분을 구성할 잔디를 선택하기 위해 [Nature] 탭의 Grass에서 'Ground 035 2048'을 선택하고 'Save' 아이콘(☑)을 클릭합니다.

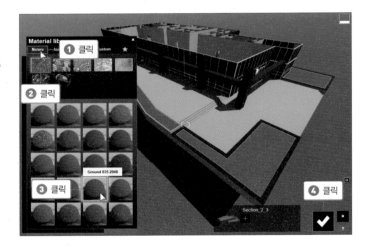

06 건물 오브젝트의 바닥 부분을 그림과 같이 클릭하여 선택합니다. 바닥 부분을 시멘트 질감으로 표현하기 위해 [Outdoor] 탭의 Asphalt에서 'Asphalt Wet'를 선택하고 'Save' 아이콘(☑)을 클릭합니다.

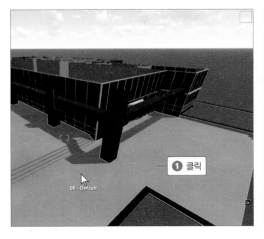

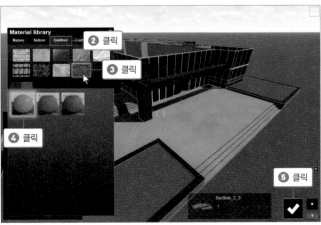

07 같은 방법으로 건물 외벽 기둥을 선택합니다. [Outdoor] 탭의 Concrete에서 'Concrete 004'를 선택하고 'Save' 아이콘(☑)을 클릭합니다.

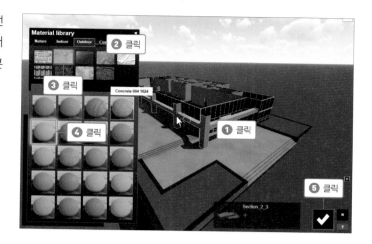

08 화면에서 다시 외벽 기둥을 선택하면 현재 적용된 재질의 Edit 창이 표시됩니다. 외벽 기둥에 담쟁이 덩굴을 추가하기 위해 Material 창 아래쪽에서 'Show Extended Settings' 아이콘(▲)을 클릭합니다.

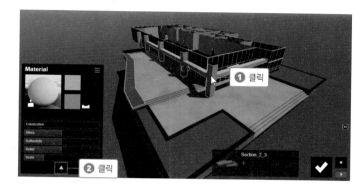

09 'Foliage' 아이콘(🍃)을 클릭하여 옵션을 표시하고 Ground Level을 '4.0m', Spread를 '0.7'로 설정합니다.

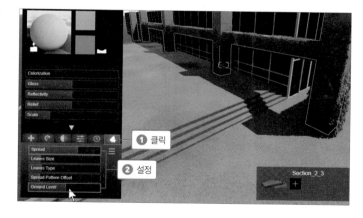

···TIP···

Foliage Option

① Spread : 잎의 퍼짐 정도를 설정합니다.

② Leaves Size : 잎의 크기를 설정합니다.

③ Leaves Type : 잎의 색상 종류를 설정합니다.

④ Spread Pattern Offset : 잎의 분포 패턴 변화를 설정합니다.

⑤ Ground Level : 잎의 배치가 시작되는 기준 높이를 설정합니다.

2 | 빗물이 맺힌 유리창 표현하기

01　　루미온 8.0의 새로운 기능인 Pure Glass를 적용해 보겠습니다. 먼저 건물 오브젝트에서 유리를 선택합니다.

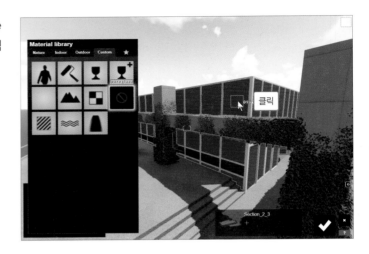

02　　Material Library 창의 [Outdoor] 탭을 클릭합니다. Glass에서 'Polii Rain Drop And Streaks 001'을 선택합니다.

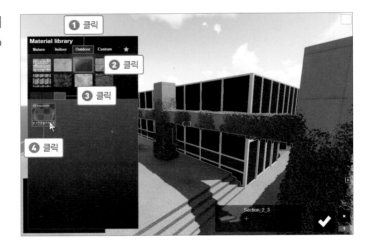

03　　Pure Glass Material 창이 표시되면 Relief, Scale을 '0.7'로 설정합니다. 빗물이 맺힌 유리창이 표현된 것을 확인할 수 있습니다.

····TIP···

'Relief'는 빗물의 생성 양을, 'Scale'은 빗물의 크기를 나타냅니다.

···

04 다른 색상의 유리창을 만들기 위해 중간에 다른 색상의 유리를 클릭하여 선택하고 Material 창에서 [Outdoor] 탭을 클릭합니다.

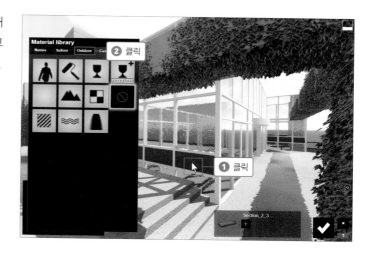

05 이전 단계와 마찬가지로 Glass에서 'Polii Rain Drop And Streaks 001'을 선택합니다.

06 Material 창에서 RGB를 클릭합니다. 색상을 '갈색'으로 지정하고 'Save' 아이콘 (✔)을 클릭하여 마무리합니다.

5 도로와 건물 모델링 추가하기
– Open Street Map/Building On/Off, Level Rotate

루미온 3D에서 지원하는 강력한 기능으로, 제작할 건물 주변의 도로와 주요 건물의 기본 형상을 불러옵니다. 만들어진 건물이 주변 환경과 잘 어울리는지 미리 확인할 수 있습니다.

1 | Map 불러오기

01 새로운 작업 환경을 열고 마우스 커서를 작업 화면 왼쪽에 가져간 후 'Land scape' 아이콘(▲)을 클릭합니다.
화면 아래에 Landscape 관련 인터페이스가 표시되면 'Open Street Map' 아이콘(🗺)을 클릭하여 활성화합니다.

02 Pick GPS Coordination을 클릭합니다. 지도를 검색하는 창이 표시되면 왼쪽 윗부분의 검색 창에 '삼성역'을 입력하고 '삼성역 레지던스'를 선택합니다.

03 S + Shift + Spacebar 키를 눌러 줌아웃한 다음, 현재 선택한 Map의 영역을 확인합니다.

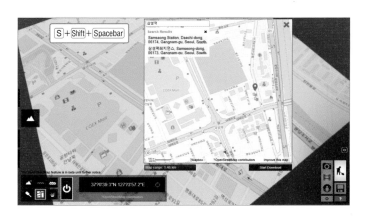

04 Map을 확대하기 위해 Map range를 '2.43km'로 설정하고 〈Start Download〉 버튼을 클릭하여 모델링 데이터를 다운로드합니다.

05 그림과 같이 Map을 불러오면 주변 건물의 세부 항목을 설정하기 위해 'Edit' 아이콘(✎)을 클릭합니다.

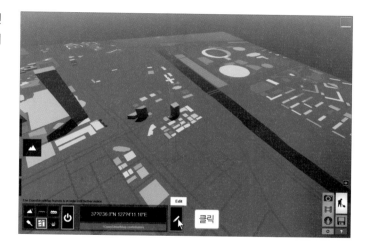

06 Edit 창 왼쪽의 Change Appearance를 클릭합니다. Building Minimal height를 '53'으로 설정하여 건물의 최소 높이를 고정합니다.

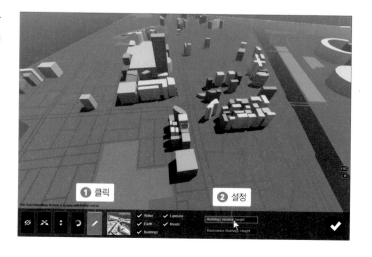

07 건물 높이에 차이를 주기 위해 Randomize Building Height를 '63'으로 설정합니다.

08 화면에서 특정 건물을 숨기기 위해 'Hide Building(toggle)' 아이콘()을 클릭하여 활성화합니다.

09 그림과 같이 숨기려는 건물의 Mesh를 선택하고 'OK' 아이콘(✔)을 클릭합니다.

2 | 건물 오브젝트 배치 후 유리 질감 표현하기 |예제 및 결과 파일| Part_1\Section_2_4(Building).FBX, Section_2_4.ls8

01 제작할 건물 모델링 데이터를 불러오기 위해 마우스 커서를 작업 화면 왼쪽에 가져간 후 'Objects' 아이콘(⬇)을 클릭합니다.
화면 아래에 Object 관련 인터페이스가 표시되면 **Imports → Import New Mode**를 클릭합니다.

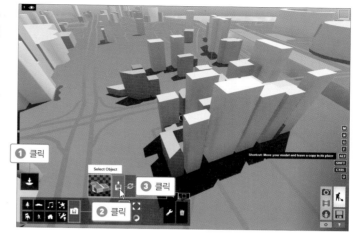

02 [열기] 대화상자가 표시되면 Part_1 폴더의 'Section_2_4(Building).FBX' 파일을 선택하고 〈열기〉 버튼을 클릭합니다.

········TIP·······

성안당 홈페이지(http://www.cyber.co.kr/) 화면에서 [자료실] 버튼을 클릭한 다음 페이지 메뉴에서 [자료실/바로가기] 탭을 클릭하세요. 검색 창에 '루미온3D'를 입력한 다음 [검색] 버튼을 클릭하여 예제 파일을 다운로드합니다.

03 외부 파일 불러오기 창이 표시되면 'Add to Library' 아이콘(✔)을 클릭합니다.

04 그림과 같이 건물이 위치할 지점을 클릭하여 건물 오브젝트를 배치합니다.

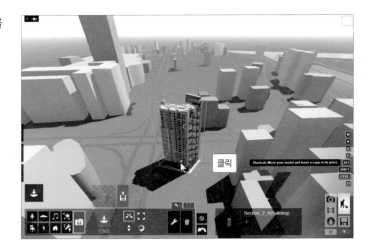

05 시점을 건물 오브젝트의 맞은편 대각선 방향으로 이동하고 'Rotate' 아이콘(🔄)을 클릭합니다.

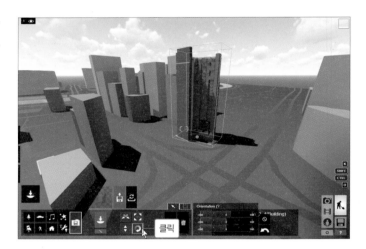

06 건물 오브젝트가 앞쪽을 바라보도록 회전시킵니다.

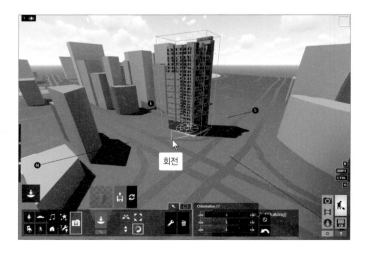

07 건물 오브젝트의 유리창에 재질을 적용하기 위해 `Material` 아이콘()을 클릭하여 활성화한 다음 유리 부분을 클릭합니다.

08 Material Library 창에서 [Outdoor] 탭을 클릭합니다. Glass를 선택하고, 원하는 유리 종류를 선택하여 적용합니다.

09 건물 오브젝트의 그림자 방향을 바꾸기 위해 `Weather` 아이콘(✸)을 클릭하여 인터페이스를 표시한 다음 Sun direction을 그림과 같이 드래그합니다.

3 | 도로에 조경수 배치하기

01 주변 도로에 조경수를 추가하겠습니다. 마우스 커서를 작업 화면 왼쪽에 가져간 후 'Objects' 아이콘(⬇)을 클릭합니다.
화면 아래에 Object 관련 인터페이스가 표시되면 **Nature → Select Object**를 클릭합니다.

02 Nature Library 창이 열리면 [Leaf_Large] 탭의 세 번째 페이지에서 'Japanese_Maple_L3_RT'를 더블클릭하여 선택합니다.

03 선택한 나무 오브젝트를 배치하기 위해 'Mass Placement' 아이콘(◣)을 클릭합니다.

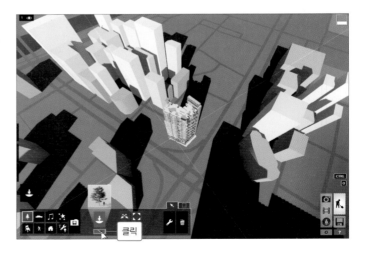

04 그림과 같이 도로를 중심으로 두 개의 지점을 클릭합니다. 두 지점 사이에 표시된 직선을 따라 나무 오브젝트가 화면에 배치됩니다.

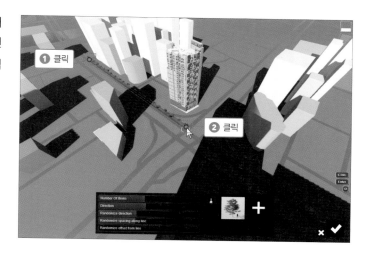

05 추가 지점을 선택하기 위해 Ctrl 키를 누릅니다. 마우스 커서와 근접한 지점에서 점선이 표시된 것을 확인하고, 다음 블럭의 끝부분을 클릭합니다. 나무 오브젝트가 점선을 따라 배치됩니다.

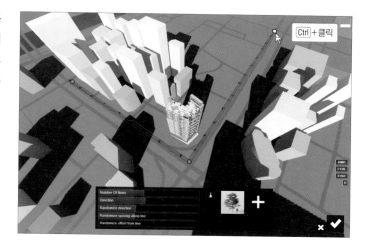

06 사거리의 모서리 부분을 둥글게 만들기 위해 조절점을 선택한 다음 corner smoothness를 '52'로 설정합니다.

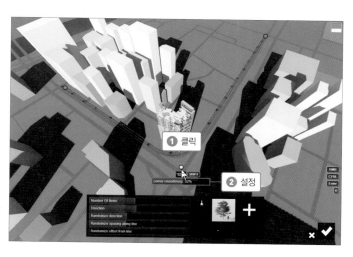

07 화면 아래쪽의 Mass Placement 창에서 Number Of Items를 '52'로 설정하여 나무 오브젝트의 수를 늘리고 'OK' 아이콘(☑) 을 클릭합니다.

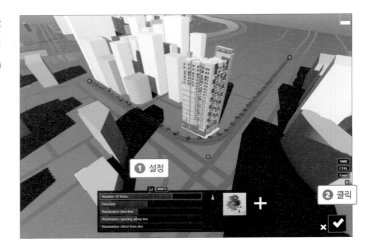

08 같은 방법으로 사거리에 조경수를 추가합니다.

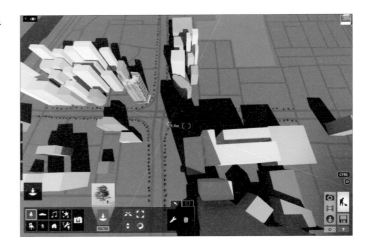

09 그림과 같이 시점을 건물 오브젝트를 중심으로 변경하고, Sun Height를 아래로 드래그하여 하늘을 약간 어둡게 만듭니다.

6 오브젝트 배치하기 – Measure & Gride

루미온 8.0의 신기능 중 Measure & Gride에 대해 알아보겠습니다. Measure은 특정 오브젝트의 간격을 측정하여 정교한 배치를 돕는 기능입니다. Gride는 조경수와 같은 오브젝트의 배치를 돕는 기능으로, Gride 패턴을 사용하면 정돈된 느낌으로 배치할 수 있습니다.

1 | 건물 내부 오브젝트 배치하기

|예제 및 결과 파일| Part_1\Section_2_5(Interior).FBX

01 새로운 작업 환경을 엽니다. 마우스 커서를 작업 화면 왼쪽에 가져간 후 'Objects' 아이콘(⬇)을 클릭합니다.
화면 아래에 Object 관련 인터페이스가 표시되면 **Imports → Import New Mode**를 클릭합니다.

02 건물 오브젝트를 불러온 다음 내부 오브젝트를 배치해 보겠습니다.
[열기] 대화상자가 표시되면 Part_1 폴더의 'Section_2_5 (Interior).FBX' 파일을 선택하고 〈열기〉 버튼을 클릭합니다.

···· TIP ····

성안당 홈페이지(http://www.cyber.co.kr/) 화면에서 [자료실] 버튼을 클릭한 다음 페이지 메뉴에서 [자료실/바로가기] 탭을 클릭하세요. 검색 창에 '루미온3D'를 입력한 다음 [검색] 버튼을 클릭하여 예제 파일을 다운로드합니다.

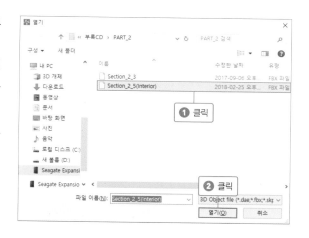

03 그림과 같이 건물이 위치할 지점을 클릭하여 건물 오브젝트를 배치합니다.

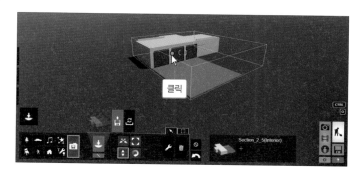

04 마우스 휠을 이용하여 건물 내부로 줌인한 다음 그림과 같이 View를 설정합니다.

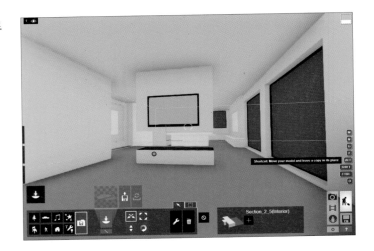

05 Measure 기능을 사용해서 내부에 배치된 오브젝트의 설비 간격을 살펴보겠습니다. **Objects → Light and Utilities → Select Object**를 클릭합니다.

06 Light And Utilities Library 창에서 [Utilities] 탭을 클릭하고 Measure를 그림과 같이 선택합니다.

07 내부 오브젝트의 한쪽 모서리 부분을 클릭하여 Measure Point를 만듭니다.

08 화면 아래쪽의 Measure 창에서 'Add New Point' 아이콘(+)을 클릭합니다.

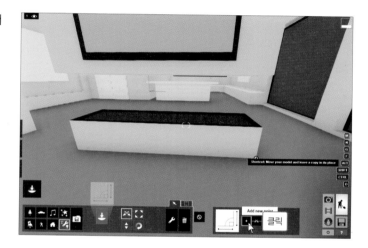

09 'Move Object' 아이콘( )을 클릭한 후 Measure Point를 드래그하여 맞은편 모서리로 이동합니다. 이동한 만큼 거리 값이 표시되면서 새로운 Measure Point가 만들어집니다.

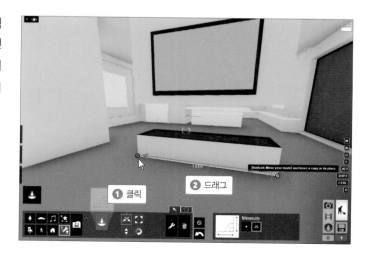

10 같은 방법으로 왼쪽의 Measure Point를 위로 드래그하여 세 번째 Measure Point를 만들고 거리 값을 확인합니다.

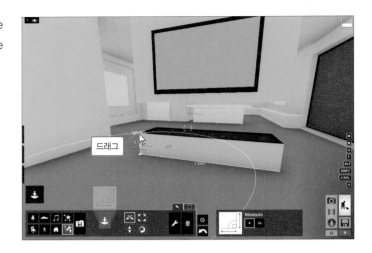

11 Measure Point의 위치를 조정하기 위해 Measure 창에서 'Move Point' 아이콘(▣)을 클릭합니다.

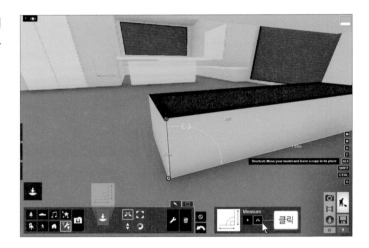

12 Measure Point를 세심하게 조정하여 오브젝트의 모서리 쪽으로 이동합니다. 이때, 두 선분의 가운데 부분에 각도가 90°로 표시되는 것을 확인할 수 있습니다.

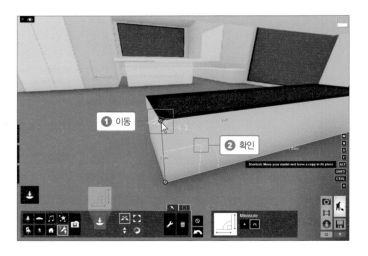

2 | 건물 외부 오브젝트 배치하기

01 S + Shift + Spacebar 키를 눌러 줌아웃한 다음, 건물 밖으로 시선을 이동합니다. 'Move Object' 아이콘(⬛)을 클릭한 후 Ctrl 키를 누른 채 드래그하여 그림과 같이 Measure Point를 모두 선택합니다.

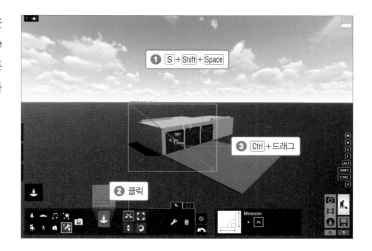

02 Measure Point가 파란색으로 선택되면 'Trash Object' 아이콘(🗑)을 클릭하여 활성화하고 화면에 선택된 객체 중 하나를 클릭합니다. 선택된 객체가 모두 제거됩니다.

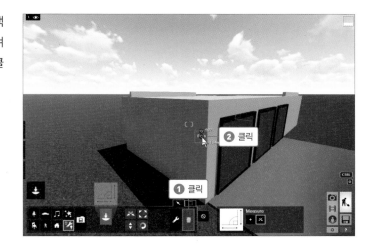

03 작업 화면에 그리드를 추가한 다음 나무 오브젝트를 배치하겠습니다.

Objects → Light and Utilities → Select Object를 클릭합니다.

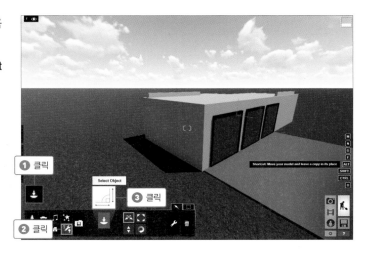

04 Lights And Utilities Library 창이
표시되면 'Grid'를 선택합니다.

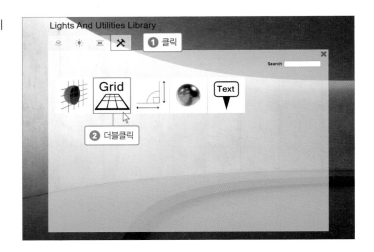

05 건물의 모서리 면에 위치한 그리드
의 중심점을 클릭합니다. Grid 창에서 Grid
Scale를 '1.5'로 설정하여 그리드 간격을 넓게
만듭니다.

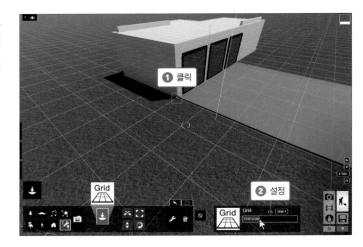

06 화면에 표시된 그리드를 이용해서 주
변에 나무 오브젝트를 배치하겠습니다.
Objects → Nature → Select Object를 클릭
합니다.

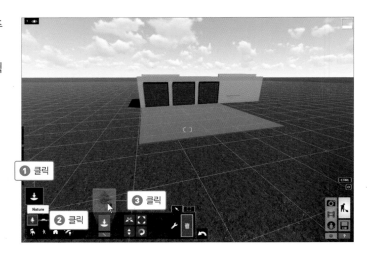

07 Nature Library 창이 열리면 [Leaf_Larg] 탭을 클릭하고 'Amerucan Sycamore-L3_HQ'를 더블클릭하여 선택합니다.

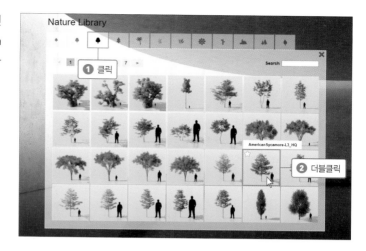

08 선택한 나무 오브젝트를 그림과 같이 그리드 위에 배치합니다.

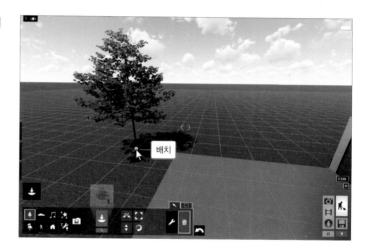

09 같은 방법으로 나무 오브젝트를 계속해서 추가합니다. 화면에 표시된 그리드를 기준으로 배치하면 정돈된 느낌으로 배치할 수 있습니다.

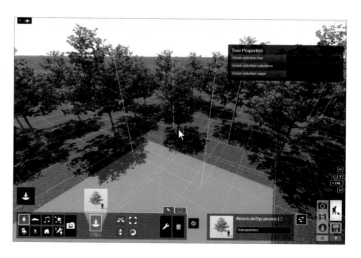

7 디자인 협의하기 – Import_Level

Level은 루미온의 재질을 유지하면서 모델링을 Layer처럼 저장한 후 실시간으로 이전 단계 모델로 넘어가는 기능으로, 디자인 협의 단계에서 유용하게 사용합니다.

1 | 모델링 데이터 불러오기 |예제 및 결과 파일| Part_1\Level Test.ls8, Level Test(결과).ls8, Section_2_6(Interior).FBX

01　루미온 시작 화면에서 [Open] 탭을 선택합니다. Load Scene을 클릭하여 [열기] 대화상자를 표시하고, Part_1 폴더의 'Level Test.ls8' 파일을 선택한 다음 〈열기〉 버튼을 클릭합니다.

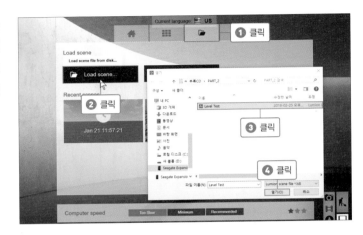

02　작업 화면에 불러온 파일이 표시되면 **Imports → Move Object**를 클릭하고 건물 오브젝트를 배치합니다.

03　화면 오른쪽 아랫부분에서 'Add-Variation' 아이콘(➕)을 클릭합니다.
[열기] 대화상자가 표시되면 Part_1 폴더의 'Section_2_6(Interior).FBX' 파일을 선택하고 〈열기〉 버튼을 클릭합니다.

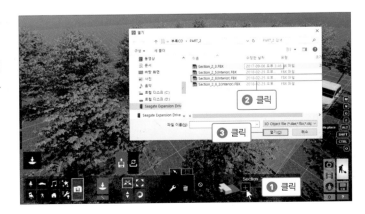

04 외부 파일 불러오기 창이 표시되면 'Add to Library' 아이콘(✔)을 클릭합니다.

05 Import Level 창에 모델링이 추가됩니다. 숫자 1, 2를 눌러 보면 실시간으로 모델링 레벨을 확인할 수 있습니다.

06 다른 모델링을 추가하기 위해 'Add Variation' 아이콘(➕)을 클릭합니다.
[열기] 대화상자가 표시되면 'Section_2_6 _2(Interior).FBX' 파일을 선택하고 〈열기〉 버튼을 클릭합니다.

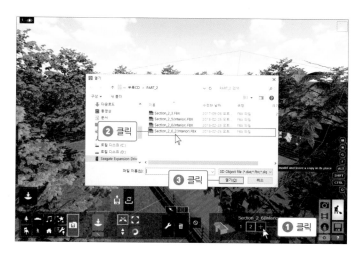

07 외부 파일 불러오기 창이 표시되면
'Add to Library' 아이콘(✔)을 클릭합니다.

08 화면 아래쪽에 세 개의 모델링 데이
터가 표시된 것을 확인할 수 있습니다.

09 1번 모델링을 클릭합니다. 이전에 작
업한 결과물이 바로 나타납니다.

2 | 모델링 레벨별로 영상 만들기

01 모델링 레벨로 나누어진 건물 오브젝트를 하나의 영상으로 표현해 보겠습니다. 화면의 오른쪽 아랫부분에서 'Movie' 아이콘(▦)을 클릭합니다.

02 카메라의 움직임을 만들기 위해 동영상 창이 표시되면 첫 번째 Scene을 선택한 후 'Record' 아이콘(▦)을 클릭합니다.

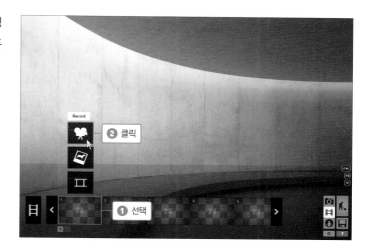

03 Record 창이 표시됩니다. 'Take Photo' 아이콘(▣)을 클릭하여 Scene을 저장합니다.

04 그림과 같이 정면으로 이동한 후 'Take Photo' 아이콘(📷)을 클릭하여 Scene 을 저장합니다.

05 오른쪽으로 이동한 후 'Take Photo' 아이콘(📷)을 클릭하여 Scene을 저장하고 'Back' 아이콘(✔)을 클릭합니다.

06 건물 오브젝트를 레벨별로 보여주기 위해 'Add Effect(FX)' 아이콘(FX)를 클릭합니다.

07 Select Clip Effect 창이 표시되면 [Scene and Animation] 탭에서 'Variation Control'를 더블클릭하여 선택합니다.

08 Variation Control 창에서 'Edit' 아이콘(✏️)을 클릭합니다.

09 화면에서 건물 오브젝트를 선택합니다. 선택이 끝나면 오른쪽 아랫부분의 'Back' 아이콘(✔️)을 클릭합니다.

TIP
이 과정은 Animation을 진행할 객체를 선택하는 과정입니다.

10 동영상 제작 화면에서 Time Bar를 그림과 같이 오른쪽으로 드래그하여 이동시키고 'Create Keyframe' 아이콘()을 클릭합니다.

11 Time Bar를 그림과 같이 오른쪽으로 드래그하여 이동시키고 'Create Keyframe' 아이콘(🞖)을 클릭합니다.

12 현재 키프레임에서 2번 모델링을 표시하기 위해 Current Variation을 '2'로 설정합니다.

13 Time Bar를 그림과 같이 오른 쪽으로 드래그하여 이동시키고 'Create Keyframe' 아이콘(🔼)을 클릭합니다.

14 현재 키프레임에서 3번 모델링을 표시하기 위해 Current Variation을 '3'으로 설정합니다. 설정을 마친 후 동영상 파일을 만들기 위해 'Render Movie' 아이콘(🔳)을 클릭합니다.

15 Render Movie 창이 열리면 최종 영상의 크기를 'HD'로 지정하고 렌더링합니다. 확장자가 'MP4'인 영상이 제작됩니다.

8 환경에 따른 필터 적용하기 – Movie Filter_Custom Style

Movie Filter는 실내, 실외, 야간 등 환경에 맞는 필터(Filter)를 제공하는 기능으로, 이 기능을 사용하면 일정 수준의 결과물을 쉽게 만들 수 있습니다.

1 | Reflection 필터 적용하기

|예제 및 결과 파일| Part_1\Section_2_7.ls8, Section_2_7.ls8(결과)

01　실습에 필요한 예제 파일을 불러오기 위해 루미온 시작 화면에서 [Load Scene] 탭을 클릭하고 'Load scene file from disk'를 클릭합니다.

02　[열기] 대화상자가 표시되면 Part_1 폴더의 'Section_2_7.ls8' 파일을 선택하고 〈열기〉 버튼을 클릭합니다.

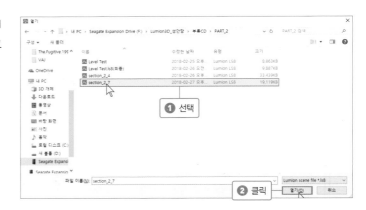

03　불러온 파일이 작업 화면에 표시되면 오른쪽 아랫부분의 'Movie' 아이콘(▦)을 클릭합니다.

04 카메라의 움직임을 만들기 위해 동영상 창이 표시되면 첫 번째 Scene을 선택한 후 'Record' 아이콘()을 클릭합니다.

05 'Take Photo' 아이콘()을 클릭하여 Scene을 저장한 다음 방향키로 시점을 이동하고 다시 'Take Photo' 아이콘()을 클릭하여 Scene을 저장합니다.

06 다시 왼쪽 모서리 부분에서 건물 오브젝트를 바라보도록 방향키로 시점을 이동한 다음 'Take Photo' 아이콘()을 클릭하여 Scene을 저장하고 'Back' 아이콘()을 클릭합니다.

07 기본적인 동영상 키프레임 작업이 완료되면 필터를 적용하기 위해 Custom Style을 클릭합니다.

08 Select Style 창이 표시되면 필터 옵션을 표시하기 위해 'Reflection을 더블클릭합니다.

····TIP····

필터 옵션 중 Reflection과 GI(Global Illumination)는 반드시 사용자 설정이 필요합니다.

09 Reflection 창에서 'Edit' 아이콘(✎)을 클릭합니다.

····TIP····

Reflection 필터는 유리, 금속, 폴리싱 재질 등을 선택해 반사 효과를 만드는 기능입니다.

10　　화면 아래쪽의 'Add Plane' 아이콘
(➕)을 클릭합니다.

11　　건물 오브젝트에서 유리 부분을 클릭
합니다. 선택과 동시에 선택된 면이 파란색 빗
금으로 표시됩니다.

···· TIP ··········

　빗금이 앞면 전체에 표시되는 이유는 유리를
　하나의 큰 판으로 모델링했기 때문입니다.

··

12　　다시 'Add Plane' 아이콘(➕)을 클
릭하고 방향키를 이용해서 그림과 같이 오른쪽
으로 이동합니다.

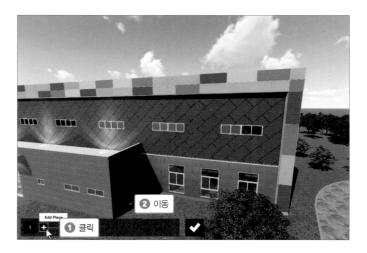

13　같은 방법으로 화면에서 선택되지 않은 유리 부분을 그림과 같이 선택합니다.

14　양쪽 면의 유리도 선택하고 'Back' 아이콘(✅)을 클릭합니다.

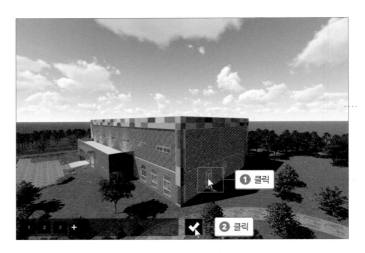

15　Time Bar를 그림과 같이 드래그하여 이동시킨 다음 정면을 바라보게 합니다. Preview Quality에서 'Normal'을 선택하면 필터 효과가 적용된 유리 표면에 사물이 반사됩니다.

2 | Interior 필터 적용하기

01 동영상에 필터 스타일을 적용해 보겠습니다. 'Realistic'을 클릭합니다.

02 Select Style 창이 표시되면 'Interior'를 선택합니다.

···TIP···

선택한 필터는 내부 공간에 적용되는 필터 스타일입니다. 현재 Scene은 외부 공간이지만, 각각의 필터 스타일이 갖는 느낌만 확인하며 진행합니다.

03 Interior Style 창이 열리면 Realistic에서 조정한 필터 효과는 유지되며, 그림과 같이 표시됩니다. 다시 Interior를 클릭합니다.

3 | Dawn 필터 적용하기

01 다른 유형의 필터 스타일을 적용해 보겠습니다. 'Realistic'을 클릭하여 Select Style 창을 표시하고 'Dawn'을 선택합니다.

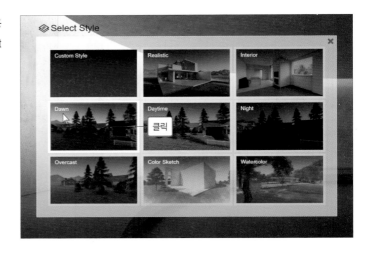

02 Dawn 창이 열리면 'Sun'을 더블클릭합니다.

03 해가 지는 Scene을 만들기 위해 Time Bar를 그림과 같이 드래그하여 이동시킨 다음 Sun Height 오른쪽에 있는 'Create Keyframe' 아이콘(M)을 클릭합니다.

04 다시 Time Bar를 그림과 같이 드래 그하여 이동시키고 Sun Height 오른쪽에 있 는 'Create Keyframe' 아이콘(▧)을 클릭합 니다.

05 Sun Height를 '0.1'로 설정하여 일 몰 영상을 완성합니다.

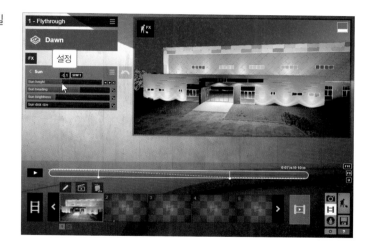

06 화면에서 Time bar를 움직여 일몰 이 진행되는 것을 확인합니다. 다시 Dawn을 클릭합니다.

4 | Daytime 필터 적용하기

01 다른 유형의 필터 스타일을 적용해 보겠습니다. 'Realistic'을 클릭하여 Select Style 창을 표시하고 'Daytime'을 선택합니다.

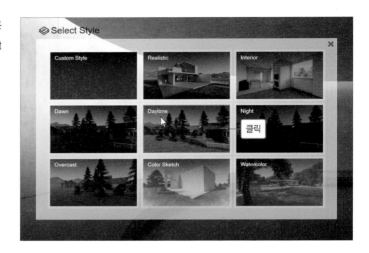

02 이전 예제에서 만든 일몰 동영상을 지우기 위해 Time Bar를 그림과 같이 이동시키고 Sun Height 오른쪽에 있는 'Remove Key' 아이콘(❌)을 클릭하여 삭제합니다.

03 같은 방법으로 Time bar를 드래그하여 이동시키고 Sun Height 오른쪽에 있는 'Remove Key' 아이콘(❌)을 클릭하여 삭제합니다. 모든 일몰 효과가 사라지면 'Back of effects' 아이콘(◀)을 클릭합니다.

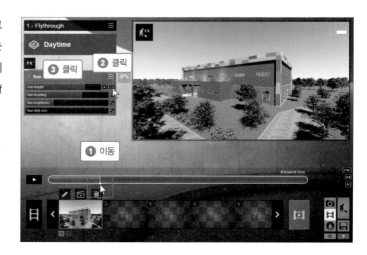

04 'Play' 아이콘(▶)을 클릭합니다. 청명한 하늘이 나타나는 것을 확인한 다음 Daytime을 클릭합니다.

········ TIP ·········

Select Style 적용 예시

다양한 필터 효과를 적용한 화면입니다. 모두 Select Style 창에서 선택할 수 있습니다.

〈Night〉

〈Overcast〉

〈Color sketch〉

〈Watercolor〉

9 SketchUp Live Sync으로 동기화하기 |예제 및 결과 파일| Part_1\interior3.skp

루미온 8.3에 추가된 SketchUp Live Sync 기능에 대해 알아보겠습니다. 이 기능을 사용하면 루미온에서도 스케치업 카메라의 시점으로 실시간으로 확인 가능합니다. Sketchup Rube에서 무료로 배포 중인 Lumion LiveSync for SketchUp을 내려 받아 설치한 후 사용하기 바랍니다.

01 웹 페이지의 주소 입력 창에 'https://extensions.sketchup.com/'를 입력하여 이동한 다음 검색 창에 'Lumion LiveSync'를 입력합니다. 이때, Google 계정으로 로그인합니다.

02 표시된 검색 결과에서 'Lumion LiveSync for SketchUp'을 클릭합니다.

03 그림과 같은 웹 페이지가 열리면 오른쪽 윗부분에서 〈Download〉 버튼을 클릭합니다.

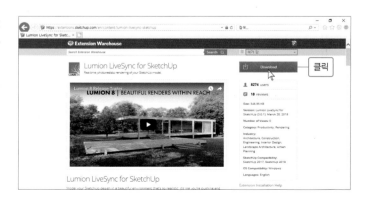

04 화면 아래에 다운로드를 알리는 메시지가 표시되면 〈저장〉 버튼을 클릭하여 설치 파일을 내려받습니다.

05 스케치업을 실행하고, 스케치업과 루미온을 동기화하기 위해 **Window → Extension Manager**를 클릭합니다.

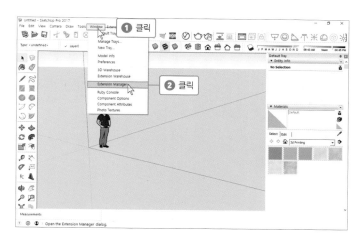

06 Extension Manager 창이 열리면 〈Install Extension〉 버튼을 클릭합니다. [열기] 대화상자에서 내려받은 'lumion_livesync_for_sketchup_3.1.5.730.rbz' 파일의 경로를 찾아 선택하고, 〈열기〉 버튼을 클릭합니다.

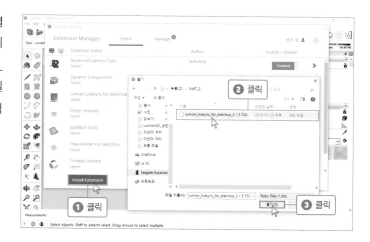

07 Extension → Lumion LiveSync → Show LiveSync Toolbar를 클릭합니다.

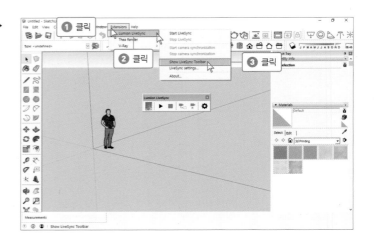

08 File → Open을 클릭하여 [열기] 대화상자를 표시하고 Part_1 폴더의 'interior3. skp' 파일을 선택한 다음 〈열기〉 버튼을 클릭합니다.

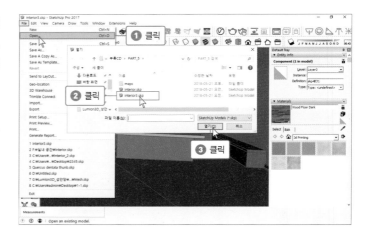

09 루미온을 실행하고, 새로운 작업 환경을 열기 위해 시작 화면의 [Start] 탭에서 'Plain'을 더블클릭합니다.

10 스케치업으로 이동하고 [Camera] 탭 메뉴에서 Perspective에 체크되어 있는지 확인합니다.

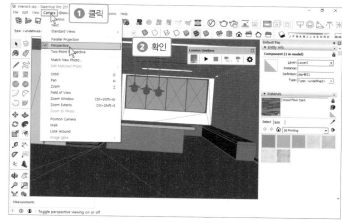

···TIP

Perspective 명령이 활성화된 상태가 아닐 경우, Lumion LiveSync 기능은 지원되지 않습니다.

---

11 Lumion LiveSync 창에서 'Start Livesync' 아이콘을 클릭합니다.

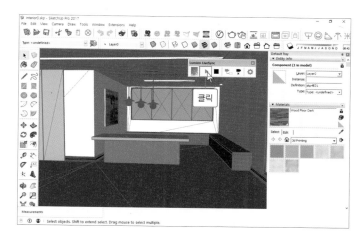

---

12 루미온과 스케치업이 동기화되어 두 화면에 같은 View가 표시된 것을 확인할 수 있습니다.

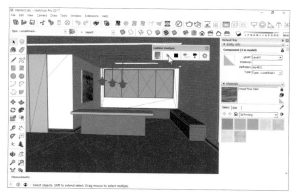

LUMION 3D

PART

기본 기능 및
환경 마스터하기

Part 1에서 프로그램에 추가된 새로운 기능들이 소개
되었다면, 이번 파트에서는 기본 기능들을 세분화하여
상세하게 설명하고 활용하는 방법에 대해 살펴봅니다.

Weather, Landscape, Material, Object를 중심
으로 루미온의 환경을 이해한 다음, 결과물을 만들어
내는 Photo, Panorama, MayLumion, Movie
등의 기능을 정리하고 활용해 보겠습니다.

CHAPTER

OO I   시점 이동하기 – View Navigation

3D 프로그램을 처음 접했다면, 시점을 자유자재로 변경하는데 서툴 수 있습니다. Zoom, Pan, Orbit 등 루미온에서 제공하는 다양한 시점 처리 기능을 사용하여 3D 환경의 View 운영 방법을 알아봅니다.

01　루미온을 실행한 다음 시작 화면의 [Examples] 탭에서 'Beach House'를 선택합니다.

02　마우스 오른쪽 버튼을 클릭하고 시점 방향을 변경하려는 방향으로 드래그합니다. 그림과 같이 왼쪽에서 오른쪽으로 드래그하면 시점이 이동합니다.

마우스 오른쪽 클릭+드래그

03 　같은 방법으로 아래에서 위로 바라보기 위해 그림과 같이 아래서 마우스 오른쪽 버튼을 클릭하고 위쪽으로 드래그합니다. 다시 시점을 변경하기 위해 마우스 오른쪽 버튼을 클릭하고 위에서 아래로 드래그합니다.

04 　시점을 앞, 뒤 또는 왼쪽, 오른쪽으로 이동할 때는 방향키를 이용합니다. ↑ 키를 누르면 앞으로 이동하고, 누르지 않으면 정지합니다. 이때, 방향은 화면에 표시된 '( )' 부분을 향합니다.

05 　마우스 휠을 이용해서 시점을 이동할 수도 있습니다. 마우스 휠을 앞으로 굴리면 시점이 앞으로 이동하고, 뒤로 굴리면 뒤로 이동합니다.

마우스 휠을 뒤로 굴려 시점을 이동하고, 자동차 오브젝트를 중심으로 시점을 변경하기 위해 자동차를 마우스 오른쪽 버튼으로 더블클릭합니다.

06 방향키가 아닌 단축키로 시점을 이동해 보겠습니다. 시점을 위로 이동하기 위해 Q 키를 누릅니다.

····TIP·······················
시점 관련 단축키
앞(W), 뒤(S), 좌(A), 우(D), 위(Q),아래(E)
·······································

07 그림과 같이 위로 충분히 이동했으면 W+Shift 키를 누릅니다. 이동 속도가 2배 빠르게 움직입니다.

08 이동 속도를 높이기 위해 S+Shift +Spacebar 키를 누릅니다. 이동 속도가 4배 빠르게 움직입니다.

09　화면 중심으로 회전축을 고정하고 이동합니다. [O] 키를 누르고 그림과 같이 마우스 오른쪽 버튼을 클릭한 채 드래그합니다.

10　화면의 건물 오브젝트를 중심으로 시점을 변경하기 위해 건물을 마우스 오른쪽 버튼으로 더블클릭합니다.

11　건물 오브젝트로 시점이 순간 이동하는 것을 확인할 수 있습니다. 방향키를 조정하여 그림과 같이 View를 지정합니다.

TIP

시점 이동 방법

- 방향키 + [Shift] : 2배 속도로 이동
- 방향키 + [Spacebar] : 1/2 느린 속도로 이동
- 방향키 + [Spacebar] + [Shift] : 4배 속도로 이동
- 특정 지역 마우스 오른쪽 더블클릭 : 클릭한 지점으로 순간 이동
- [O] + 마우스 오른쪽 드래그 : 화면 중심 공정 시점 이동

 CHAPTER

002 Weather 환경 설정하기

루미온은 게임 엔진으로 시작하여 건축 전문 GPU 렌더링 프로그램이 되었습니다. 게임 엔진에서는 기본적으로 환경을 제공하고 있으며, 루미온도 마찬가지입니다. 루미온에서 제공하는 작업 환경을 선택하고 대기에 관련된 설정을 정리해 보겠습니다.

01 루미온을 실행한 다음 시작 화면의 [Examples] 탭에서 'Beach House'를 선택합니다.

02 하늘의 밝기를 변경하기 위해 마우스 커서를 작업 화면 왼쪽에 가져간 후 'Weather' 아이콘(■)을 클릭합니다. 방향키를 이용해서 그림과 같이 건물 앞쪽으로 시점을 이동한 다음, 해질녘의 하늘을 표현하기 위해 Sun direction 을 서쪽 방향으로 드래그합니다.

03 화면 아래에 표시된 Weather 관련 인터페이스에서 Sun height를 아래로 드래그하여 노을 지는 하늘을 만듭니다.

04 하늘에 추가할 구름의 종류를 선택하기 위해 'Type' 아이콘(■)을 클릭합니다.

05 Select clouds 창이 표시되면 그림과 같이 구름의 종류를 선택합니다.

06 구름이 표시되면 구름의 양을 조절하기 위해 화면 아래쪽 Bar를 드래그하여 '1.4'로 설정합니다.

07 구름의 양이 많아진 것을 확인할 수 있습니다. 태양 빛의 밝기를 조절하기 위해 화면 아래쪽 Bar를 드래그하여 '0.8'로 설정합니다.

08 같은 방법으로 태양의 방향과 높이 그리고 구름의 양을 조절하여 그림과 같이 만듭니다.

OO3 Landscape 환경 알아보기

루미온의 지형과 물, 바다, 잔디, 산 그리고 지도를 이용한 Openstreetmap을 만드는 방법을 알아보겠습니다. 건축물을 만들 때 주변 지형과 바다 등의 표현이 필요한 경우, 실시간으로 지형과 공간을 만들 수 있는 기능입니다.

1 지형 만들기

Landscape 기능을 활용해서 융기와 파임이 표현된 분화구 형태의 지형을 만들어 보겠습니다. 지형을 완성한 후 이미지로 저장하고 불러오는 방법도 알아봅니다.

01 새로운 작업 환경을 열기 위해 루미온 시작 화면의 [Start] 탭에서 'Plain'을 더블 클릭하여 실행합니다.

02 마우스 커서를 작업 화면 왼쪽에 가져간 후 'Landscape' 아이콘(▲)을 클릭합니다. 화면 아래에 Landscape 관련 인터페이스가 표시되면 'Height' 아이콘(▲)을 클릭합니다.

03 분지 형태의 지형을 만들기 위해 'Raise' 아이콘(▣)을 클릭한 다음, Q 키를 세 번 눌러 시점을 위로 이동합니다.

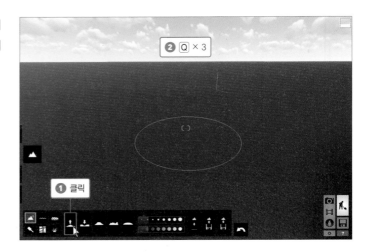

04 화면 가운데를 클릭하면 지면에서 산이 올라오는 것을 확인할 수 있습니다. 같은 방법으로 오른쪽의 빈 공간을 클릭하여 산을 만듭니다.

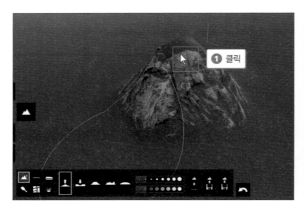

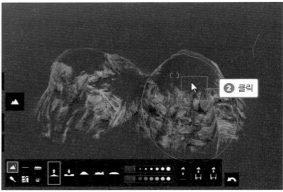

05 그림과 같이 분지 형태의 산을 만든 다음, 두 번 정도 분지 지형을 클릭하여, 분지면이 올라오게 만듭니다.

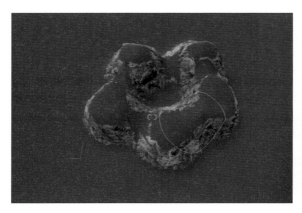

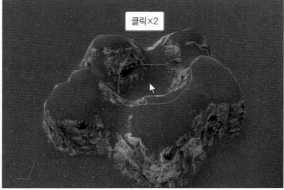

06　　　화면 아래에 Landscape 관련 인
터페이스에서 Brush Size를 '1.3', Brush
Speed를 '1.6'으로 설정하고, 산 주변을 돌아
가면서 클릭하여 그림과 같이 올려 줍니다.

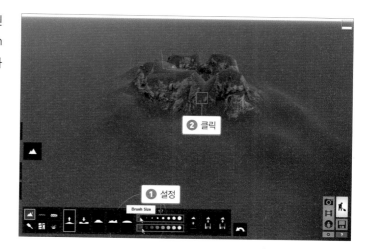

07　　　자연스러운 산의 형태를 표현하기 위
해 'Flatten' 아이콘(▲)을 클릭하고, 능선 윗
부분을 드래그하여 평평하게 만듭니다

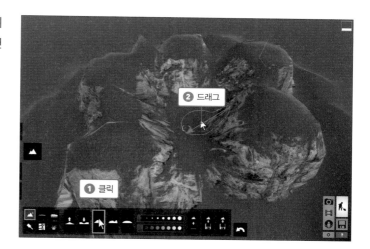

08　　　산에서 거칠게 표현된 부분을 정리하
기 위해 'Smooth' 아이콘(▬)을 클릭하고, 산
의 모서리 부분을 그림과 같이 클릭하여 정리
합니다.

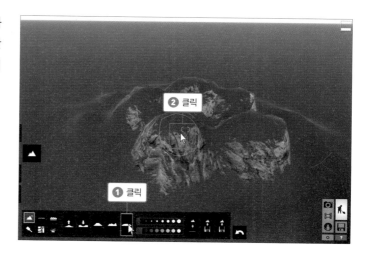

09 울퉁불퉁한 산의 지면을 표현하기 위해 'Jitter' 아이콘(▰)을 클릭하고, Brush size 를 '2', Brush Speed를 '2.1'로 설정합니다. 오른쪽의 빈 공간을 클릭하면 그림과 같이 상하로 면이 생성되는 것을 확인할 수 있습니다.

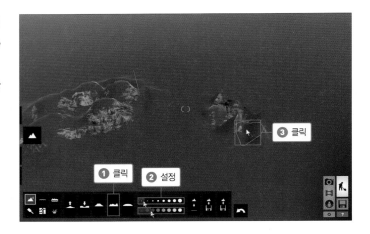

10 'Smooth' 아이콘(▰)을 클릭한 다음 면 부분을 클릭하여 표면을 부드럽게 정리합니다.

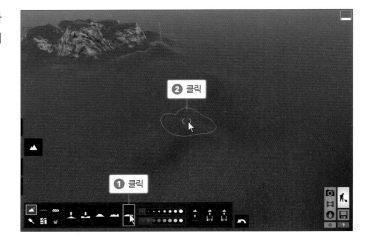

11 지금까지 만든 지형을 이미지로 저장해 보겠습니다. 'Save terrain map' 아이콘(▰)을 클릭합니다.
[다른 이름으로 저장] 대화상자가 표시되면 파일 이름에 'terrain Map test.dds'를 입력하고 바탕화면에 저장합니다.

····TIP·····

포토샵과 같은 이미지 제작 툴을 이용하여 흰색과 검정색으로 지형 이미지를 생성한 후 Load terrain map에서 불러와도 지형을 만들 수 있습니다. 지원 가능한 이미지 파일 형식은 JPG, PNG, PSD, BMP, TGA, DDS 등이 있습니다.

12 화면에 만들어진 지형을 모두 초기화
하겠습니다. 'Flatten terrain map' 아이콘(📱)
을 클릭합니다.

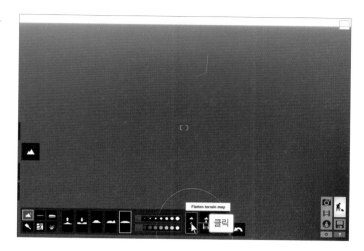

13 화면에 아무 것도 없는 초기 상태가
되면, 'Load terrain map' 아이콘(📱)을 클릭
하여 [열기] 대화상자를 표시하고, 이전 단계
에서 저장한 'terrain Map test.dds' 파일을
엽니다.

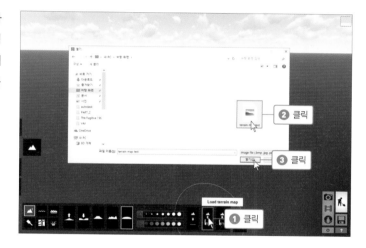

14 다시 지형이 표시된 것을 확인할 수
있습니다.

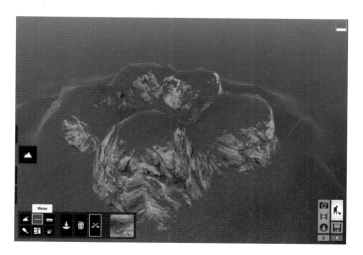

2 물, 잔디, 바다 만들기

|예제 및 결과 파일| Part_2\Part_2_3.ls8

지형을 구성하고 있는 잔디와 해변 자갈 그리고 바닷물과 호수 등을 만들어 지형의 완성도를 높이
는 작업을 알아보겠습니다.

01 분화구 형태의 지형 안쪽에 백록담같
은 호수를 만들어 보겠습니다. 'Water' 아이콘
(▨)을 클릭하고 분화구 주변을 확대합니다.
'Place Object' 아이콘(⬇)을 클릭하고 분화
구 안쪽을 클릭한 다음 드래그하여 그림과 같
은 면을 만듭니다.

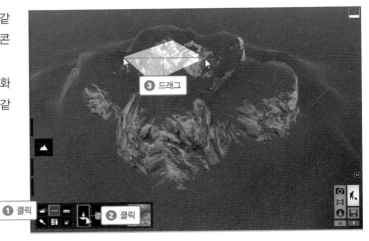

02 물의 높이를 조절하기 위해 'Move
Object' 아이콘(✕)을 클릭합니다.
Plan Object의 네 개의 모서리에서 생성된 아
이콘 중 하나를 선택한 다음, 분화구 안쪽으로
드래그하여 배치합니다.

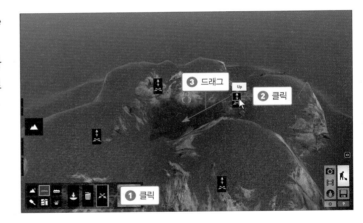

03 지형 주변에 잔디를 표현하기 위해
화면을 산 정상을 기준으로 화면을 확대한 다
음 'Grass' 아이콘(▨)을 클릭하여 활성화합
니다.

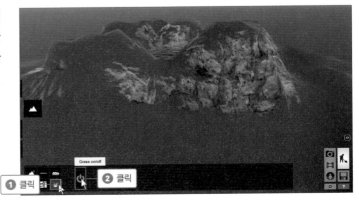

04 화면 아래에 Grass 관련 인터페이스에서 Grass Size를 '1.0', Grass Height를 '2.0'으로 설정하여 잔디의 크기와 높이를 조절합니다.

05 Grass Wildness를 '0.8'로 설정하여 잔디의 높이에 차이를 줍니다. 자연스러운 잔디 모양이 표현된 것을 확인할 수 있습니다. 잔디에 식물을 추가하기 위해 왼쪽에서 첫 번째에 있는 Edit Type를 클릭합니다.

06 표시된 목록 중 잔디 위에 표현할 식물을 선택합니다. 예제에서는 'Clovers 6'을 선택합니다.

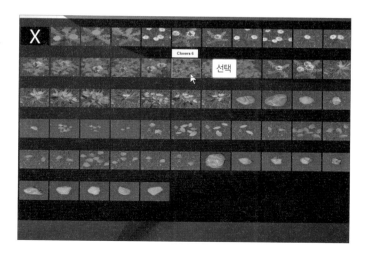

07 선택한 식물의 Option 창이 표시되면 Spread를 '2.0', Size를 '1.0', Random size를 '0.6'으로 설정한 다음 자연스러운 위치에 배치합니다.

08 잔디에 돌을 추가하기 위해 왼쪽에서 두 번째에 있는 Edit Type를 클릭합니다.

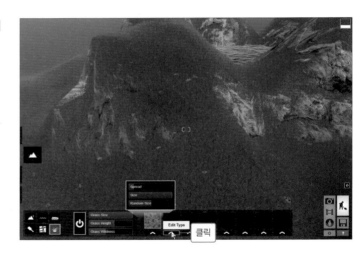

09 표시된 목록 중 잔디 위에 표현할 돌을 선택합니다. 예제에서는 'Stone grey 2'를 선택합니다.

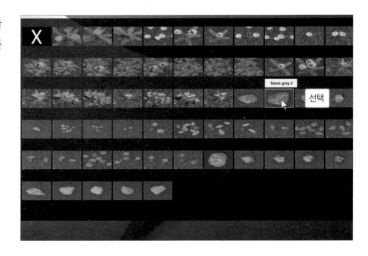

10   선택한 돌의 Option 창이 표시되면
Spread를 '3.0', Size를 '1.0', Random size
를 '0.6'으로 설정한 다음 자연스러운 위치에
배치합니다.

11   분화구 주변에 자갈밭을 표현하기 위
해 'Paint' 아이콘(▧)을 클릭하여 활성화하고
오른쪽에 표시된 모래 재질의 Map을 선택합
니다.

12   Brush Size를 '2.6', Brush Speed
를 '4.5'로 설정하고 그림과 같이 분화구 주변
을 자갈 재질로 드래그하여 칠합니다.

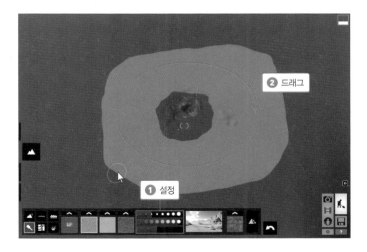

13 산 주변의 시점을 그림과 같이 내려 줍니다. 분화구 주변에 바다를 만들기 위해 'Ocean' 아이콘(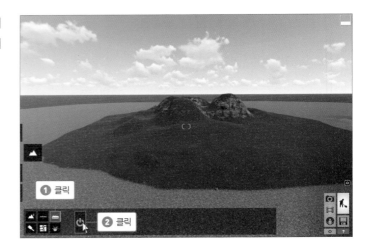)을 클릭하여 활성화합니다.

14 그림과 같이 바다가 표현되면 다시 'Paint' 아이콘(🖌)을 클릭하여 물 속에 잔디를 자갈로 칠해 줍니다. 산 주변을 그림과 같이 정리하고, 'Weather' 아이콘(☀)을 클릭합니다.

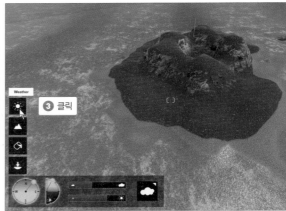

15 분화구가 있는 섬 지형이 완성되었습니다. 그림과 같이 시점을 이동하고 Sun direction을 왼쪽으로 이동하여 태양 위치를 변경한 다음, Sun height를 아래로 드래그하여 노을 진 하늘을 만듭니다.

CHAPTER

OO4 Object Layer 사용하기

루미온의 오브젝트(Nature, Transport)를 활용하는 방법과 Move, Rotate, Scale 기능을 알아본 다음, 다양한 오브젝트를 효율적으로 관리하기 위한 Layer 사용 방법을 살펴보겠습니다.

1 나무 심기

루미온에서 제공하는 수종 라이브러리를 불러와 배치하는 방법을 알아봅니다. 선택 및 선택 해지, Move Copy, 다중 배치 등은 특히 많이 활용되는 기능입니다.

01 새로운 작업 환경을 엽니다. 마우스 커서를 작업 화면 왼쪽에 가져간 후 'Objects' 아이콘(⬇)을 클릭합니다.
화면 아래에 Object 관련 인터페이스가 표시되면 **Nature → Select Object**를 클릭합니다.

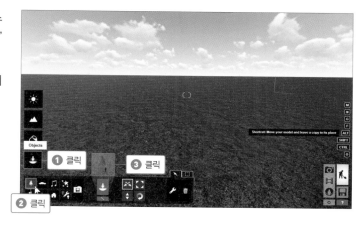

02 Nature Library 창이 열리면 [Leaf_Large] 탭의 세 번째 페이지에서 'Japanese_Maple_S3_RT'를 더블클릭하여 선택합니다.

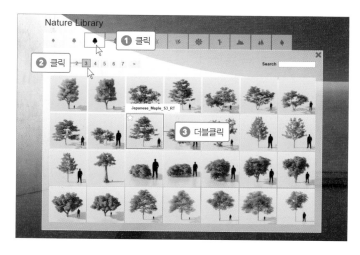

03 화면 가운데를 클릭하여 나무 오브젝트를 만듭니다. 화면의 왼쪽 아랫부분에서 'Show More Properties' 아이콘(🔳)을 클릭하여 Tree Properties 창을 닫아 줍니다.

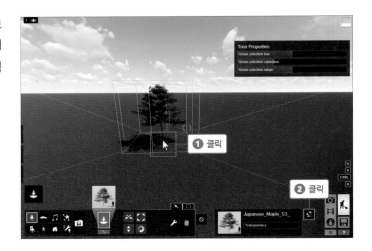

04 시점을 뒤로 이동한 다음, 충분한 공간이 확보되면 오른쪽 빈 공간에서 [Ctrl] 키를 누른 채 클릭하여 나무 오브젝트를 추가합니다. 한번에 열 개의 나무가 생성된 것을 확인할 수 있습니다.

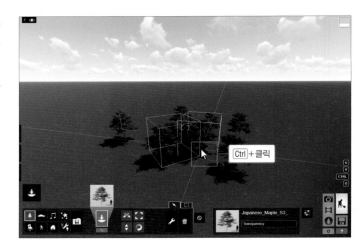

05 화면에 배치된 오브젝트의 위치를 변경하기 위해 'Move Object' 아이콘(✖)을 클릭합니다. 각각의 나무 오브젝트 아래에 흰색 원이 표시됩니다.
처음 만들어 놓은 나무를 선택하고, Transparency를 '0.2'로 설정하여 투명 값을 조절합니다.

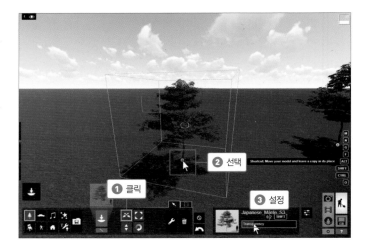

06 Move Object 기능이 활성화된 상태에서 나무 오브젝트를 클릭 후 드래그하여 위치를 이동합니다.

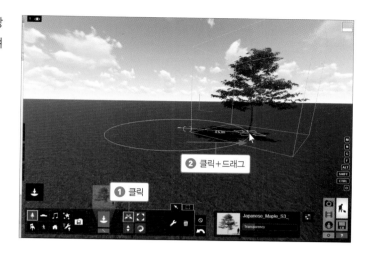

07 이동한 나무 오브젝트를 Alt 키를 누른 채 마우스 왼쪽 버튼을 클릭하거나 드래그한 다음 오브젝트가 복사되면 적당한 위치를 잡아 줍니다.

08 두 개의 오브젝트를 동시에 선택해 보겠습니다. Ctrl 키와 Shift 키를 누른 채 화면에 투명도를 적용한 두 개의 나무 오브젝트를 순차적으로 클릭하여 선택합니다.

09 선택한 오브젝트 중 하나를 선택 해
제하기 위해 [Ctrl] 키와 [Shift] 키를 누른 채 앞쪽
의 나무를 다시 클릭합니다.

10 모든 선택을 해제하기 위해 [Ctrl] 키와 [Shift] 키를 누른 채 그림과 같이 드래그한 다음 [Ctrl] 키를 누른 상태에서 화
면의 빈 공간을 클릭합니다.

11 모든 나무 오브젝트를 선택합니다.
'Trash Object' 아이콘(🗑)을 클릭하여 활성
화하고, 선택된 나무 오브젝트 중 하나를 클릭
하여 모두 삭제합니다.

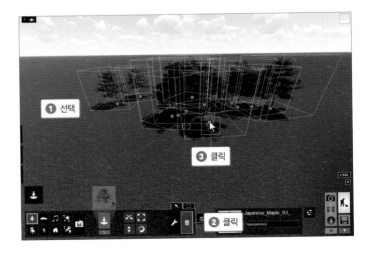

2 자동차 배치하기

자동차 오브젝트를 현재 작업 환경에 불러와 배치하는 방법을 알아보겠습니다. 자동차 오브젝트의 생성 방법은 이전 예제의 나무 오브젝트 배치 방법과 같습니다. 하지만, 경사면에서 F 키를 활용한 배치 방법은 여기서 꼭 정리하고 넘어갈 수 있도록 합니다.

1 │ 자동차 만들기

01   새로운 작업 환경을 엽니다. 자동차 오브젝트를 추가하기 위해 **Objects → Transport → Select Object**를 클릭합니다.

02   Transport Library 창이 표시되면 [Cars] 탭을 클릭하고, 그림과 같은 자동차를 선택합니다.

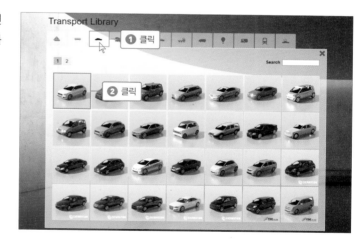

03   화면 가운데를 클릭하여 선택한 자동차 오브젝트를 배치합니다. 오브젝트의 설정을 변경하기 위해 'Show more properties' 아이콘(▤)을 클릭합니다.

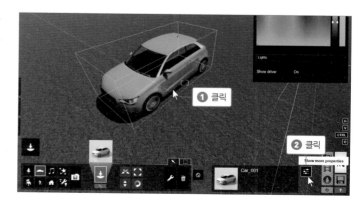

04　시점을 자동차의 측면으로 이동하고
Vehicle Color 창에서 'Show driver' 옵션을
비활성화 상태로 만듭니다.

05　현재 자동차 오브젝트의 색상을 변경
하기 위해 Vehicle Color 창에서 그림과 같이
색상을 변경합니다.

06　자동차의 Light를 켜기 위해 Vehicle Color 창에서 Lights를 '0.1'로 설정합니다. 'Weather' 아이콘(■)을 클
릭하고 Sun height를 아래로 드래그하여 어두운 하늘을 만들면 자동차 오브젝트의 앞쪽에서 빛이 나는 것을 확인할 수
있습니다. 확인이 끝나면 다시 Sun height를 위로 드래그합니다.

2 | 경사면에 배치하기

01 융기된 지형에 자동차 오브젝트를 배치해 보겠습니다. 먼저 지형을 만들기 위해 **Landscape → Height → Raise**를 클릭합니다.

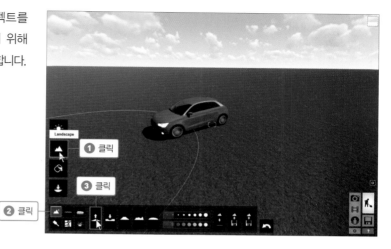

02 자동차 오브젝트 오른쪽의 빈 공간을 클릭하여 그림과 같이 능선을 만듭니다.

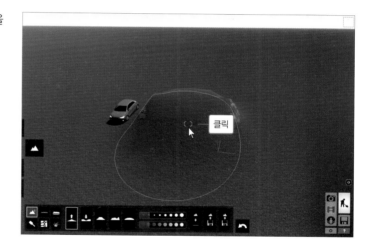

03 다시 **Objects → Place Object**를 클릭합니다.

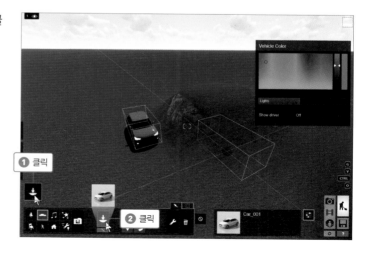

04 능선 위를 클릭하여 자동차 오브젝트를 만듭니다. 그림과 같이 경사면과 상관 없이 자동차 오브젝트가 생성된 것을 확인할 수 있습니다.

05 F 키를 누른 채 능선을 클릭합니다. 그림과 같이 경사면을 따라 자동차 오브젝트가 생성됩니다.

06 능선에 생성된 두 개의 자동차 오브젝트를 선택하고, 'Trash Object' 아이콘(🗑)을 클릭하여 활성화합니다. 선택된 자동차 중 하나를 클릭하여 모두 삭제합니다.

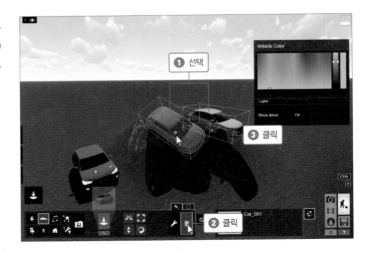

07　'Move Object' 아이콘(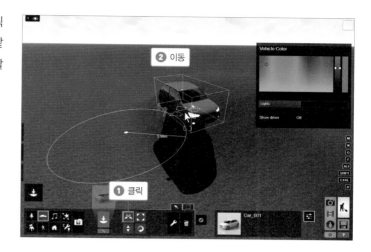)을 클릭한 다음 산의 능선으로 이동합니다. 그림과 같이 경사면과 상관없이 높이의 변화만 확인할 수 있습니다.

08　Move Object 기능이 활성화된 상태에서 F 키를 누른 채 드래그하여 위치를 이동합니다. 그림과 같이 능선의 경사면에 맞게 배치되는 것을 확인할 수 있습니다.

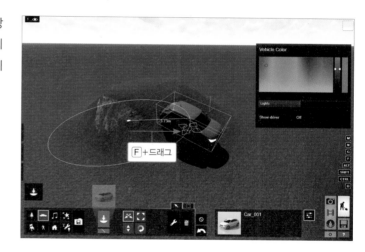

09　자동차 오브젝트를 선택한 다음, 'Trash Object' 아이콘(🗑)을 클릭하여 삭제합니다.

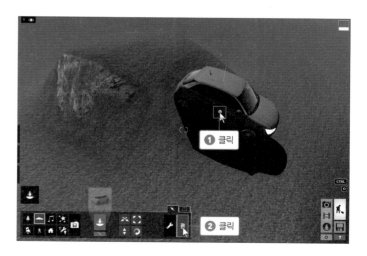

3 | 오브젝트 회전하기

01 **Objects → Transport → Select
Object**를 클릭하여 새로운 자동차 오브젝트를
만듭니다.

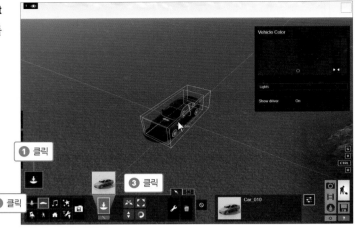

02 Object 관련 인터페이스에서 Size
Object를 '2.7'로 설정합니다. 자동차 오브젝
트의 크기가 2.7배 커진 것을 확인할 수 있습
니다.

03 선택한 오브젝트의 높이를 조절하기
위해 'Change Height' 아이콘(⬍)을 클릭하
여 활성화하고, 자동차 오브젝트를 클릭 후 위
로 드래그하여 지면에서 띄워 줍니다.

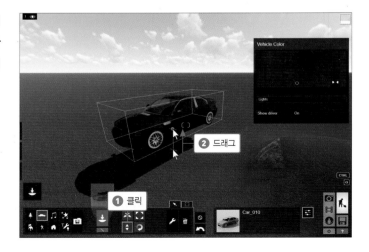

04 자동차 오브젝트의 방향을 설정하기 위해 'Rotate' 아이콘(🔄)를 클릭하고, Heading(수평 회전)을 '–90'으로 설정합니다.

05 Rotate 기능이 활성화된 상태에서 다른 방향으로 회전하기 위해 Pitch(앞뒤 회전)를 '–90'으로 설정합니다.

06 Bank(좌우 회전)를 '–90'으로 설정합니다. 설정한 수치 값에 따라 회전 강도와 방향을 조절할 수 있습니다.

3 Layer 활용하기

Layer를 활용하여 작업의 효율성을 높이는 방법을 알아보겠습니다. 사람과 자동차, 나무 등 많은 오브젝트를 만들면 정교한 배치가 어렵고 하드웨어에 부담을 주게 됩니다. Layer를 사용하면 이런 문제를 해결할 수 있습니다.

01 새로운 작업 환경을 열고, 자동차와 나무 오브젝트를 원하는 위치에 배치합니다. 화면의 나무 오브젝트와 자동차 오브젝트를 각각의 Layer로 구성해 보겠습니다.

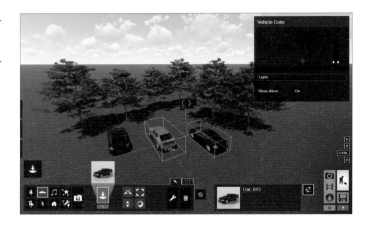

02 **Objects → Nature**를 클릭합니다. 'Move Object' 아이콘(🖾)을 클릭하여 활성화한 다음, Ctrl 키를 누른 채 드래그하여 모든 나무 오브젝트를 선택합니다.

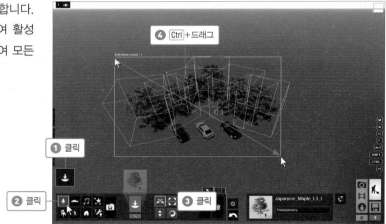

03 Layer 창에서 2번 Layer를 선택한 다음 Layer name을 'Tree'로 변경합니다.

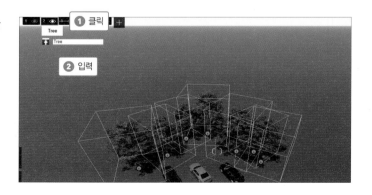

04 Tree Layer에서 'Move Selection to Layer' 아이콘(📥)을 클릭하여 선택된 나무 오브젝트를 넣어줍니다.

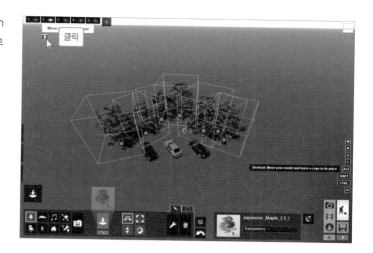

05 자동차 오브젝트를 선택하기 위해 **Objects** → **Transport**를 클릭합니다.

06 'Move Object' 아이콘(✖)을 클릭하여 활성화한 다음, Ctrl 키를 누른 채 드래그하여 모든 자동차 오브젝트를 선택합니다.

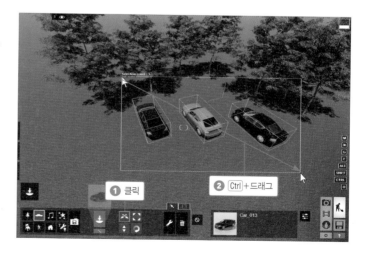

07 Layer 창에서 3번 Layer를 선택하
고, Layer name을 'Car'로 변경합니다.
Car Layer에서 'Move Selection to Layer'
아이콘(🔽)을 클릭하여 선택된 자동차 오브젝
트를 넣어줍니다.

08 Tree Layer를 화면에서 안 보이도
록 설정하겠습니다. Layer 창에서 2번 Layer
의 눈 아이콘을 클릭하면 2번 Layer에 포함된
나무 오브젝트가 화면에 표시되지 않습니다.

09 다시 Layer 창에서 2번 Layer의 눈
아이콘을 클릭하여 표시하고, 3번 Layer를 숨
김 처리하여 그림과 같이 나무 오브젝트만 표
시합니다.

CHAPTER

OO5 Object Scene 구성하기

루미온에서 제공하는 모델링 라이브러리를 활용하여 공간을 만들면서 각각의 오브젝트(Nature, Transporter, Sound, Effect, Indoor, People and Animals, Outdoor)가 어떻게 구성되어 있는지 알아보겠습니다.

1 건물과 울타리 배치하기

Indoor&Outdoor Library에는 건물 내부와 외부에 활용할 수 있는 다양한 오브젝트가 있습니다. 기본 오브젝트를 활용하여 건물과 울타리를 만든 후 배치해 보겠습니다.

01 새로운 작업 화면을 열고 건물 외부에 활용할 오브젝트를 배치하기 위해 **Objects** → **Outdoor** → **Select Object**를 클릭합니다.

02 Outdoor Library 창이 표시되면 [Building] 탭의 세 번째 페이지에서 그림과 같이 건물 오브젝트를 선택합니다.

03 화면 가운데를 클릭하여 선택한 건
물 오브젝트를 만들고, Select Object를 클릭
합니다.

04 Outdoor Library 창이 표시되면
[Access] 탭의 두번째 페이지에서 울타리 오
브젝트를 선택합니다.

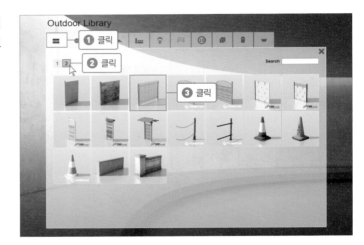

05 선택한 울타리 오브젝트를 건물 오른
쪽의 빈 공간을 클릭하여 만듭니다.

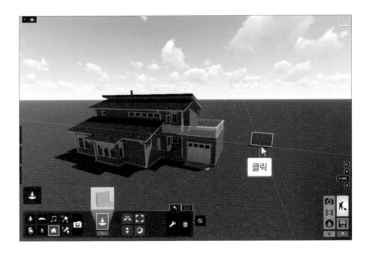

06 'Move Object' 아이콘(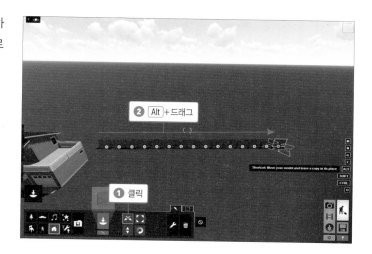)을 클릭하여 활성화합니다. [Alt] 키를 누른 채 오른쪽으로 드래그하여 총 15개의 울타리를 만듭니다.

07 Move Object 기능이 활성화된 상태에서 [Ctrl] 키를 누른 채 드래그하여 모든 울타리 오브젝트를 선택하고, **Move Mode → Create Group**을 클릭하여 하나의 그룹으로 만듭니다.

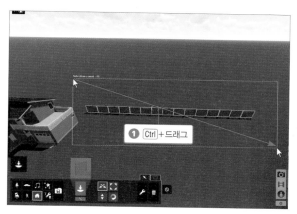
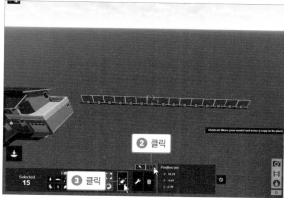

08 울타리 그룹을 건물 뒤에 배치합니다. Move Object 기능이 활성화된 상태에서 [Alt] 키를 누른 채 건물 앞쪽에 드래그하여 복사합니다.

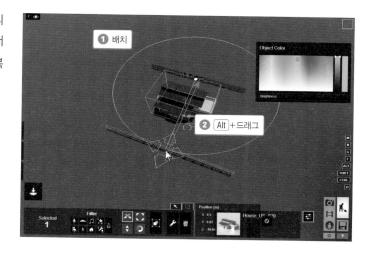

09 같은 방법으로 울타리 그룹을 복사합니다. 'Rotate' 아이콘(⟳)을 클릭하고 그림과 같이 수직 방향으로 회전합니다.

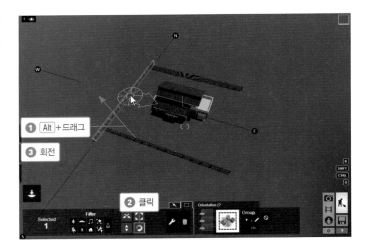

10 다시 'Move Object' 아이콘(✥)을 클릭하고. 그림과 같이 울타리 오브젝트의 모서리 부분을 이동하여 연결 부분을 자연스럽게 만듭니다.

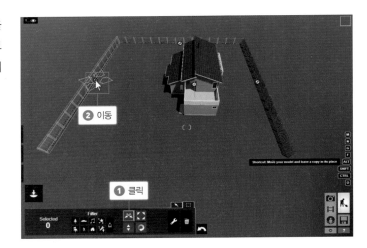

11 'Rotate' 아이콘(⟳)을 클릭하고 그림과 같이 건물 오브젝트의 방향을 회전합니다.

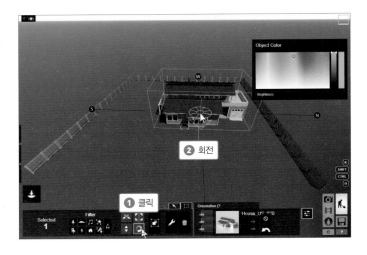

12 'Move Object' 아이콘(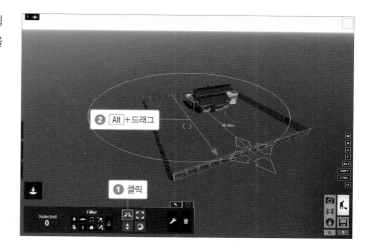)을 클릭
하여 활성화합니다. [Alt] 키를 누른 채 뒤쪽 울
타리를 드래그하여 복사 배치합니다.

13 현재 선택된 그룹을 해제하기 위해
'Deselect All' 아이콘(⊘)을 클릭합니다.

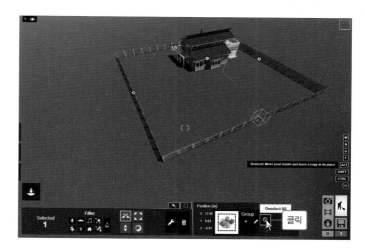

14 울타리 출입문을 만들기 위해 Move
Object 기능이 활성화된 상태에서 [Ctrl] 키를 누
른 채 두 개의 울타리 오브젝트를 선택합니다.
'Trash Object' 아이콘(🗑)을 클릭하여 활성
화하고, 선택된 울타리 오브젝트 중 하나를 클
릭하여 삭제합니다.

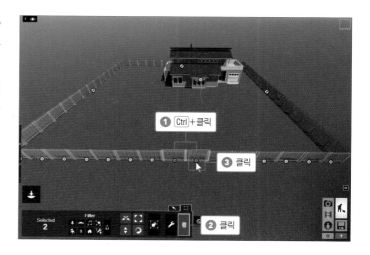

15   Move Object 기능을 활성화하고, Ctrl 키를 누른 채 드래그하여 화면의 모든 오브젝트를 선택합니다. 'Context Menu' 아이콘(🔧)을 클릭한 다음, 선택된 오브젝트 중 하나를 클릭합니다.

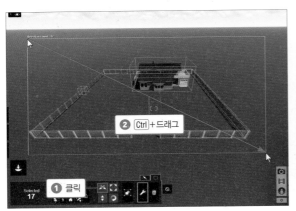 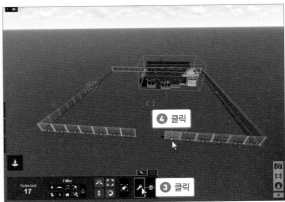

16   선택된 객체가 움직이지 못하도록 Transformation → Lock Position을 선택합니다.

17   Lock Position → On을 선택합니다.
반대로 해제 시는 'Off'를 선택합니다.

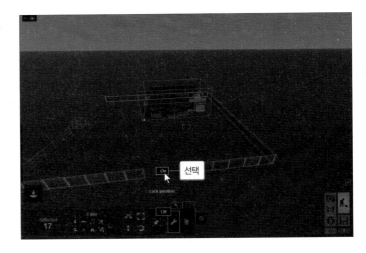

2 울타리를 둘러싸는 꽃과 나무 심기

건물 주변의 나무와 건축물 대지면에 조형 식물을 배치해 보도록 하겠습니다. 여러 개의 오브젝트를 특정한 방향으로 일치시키는 Context 기능을 잘 정리해 두길 바랍니다.

01　울타리 주변에 나무 오브젝트를 배치하기 위해 **Objects → Nature → Select Object**를 클릭합니다.

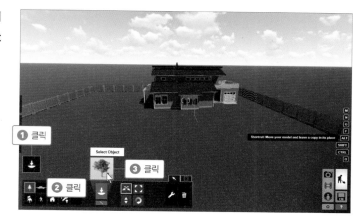

02　Nature Library 창이 열리면 [Leaf_Large] 탭의 세 번째 페이지에서 'Japanese_Maple_L_RT'를 더블클릭하여 선택합니다.

03　그림과 같이 울타리 바깥쪽 테두리를 클릭하여 나무 오브젝트를 만듭니다. 다른 종류의 식물을 추가하기 위해 Select Object를 클릭합니다.

04 Nature Library 창이 열리면 [Plant] 탭의 다섯 번째 페이지에서 나무 울타리를 더블클릭하여 선택합니다.

05 그림과 같이 울타리 안쪽을 클릭하여 여섯 개의 나무 울타리를 만듭니다.

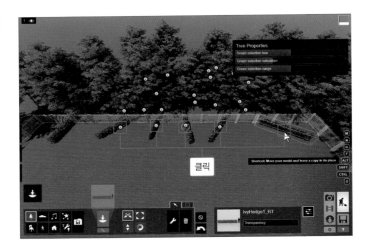

06 'Rotate' 아이콘(🔄)을 클릭하고 식물 오브젝트의 방향이 기존에 배치된 울타리와 수평을 이루도록 회전합니다.

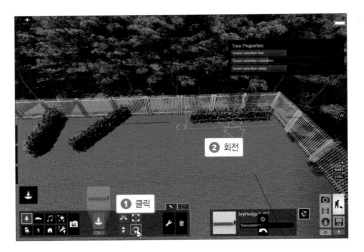

07 'Move Object' 아이콘(📷)을 클릭하여 활성화하고, Ctrl 키를 누른 채 모든 나무 울타리 오브젝트를 선택합니다.

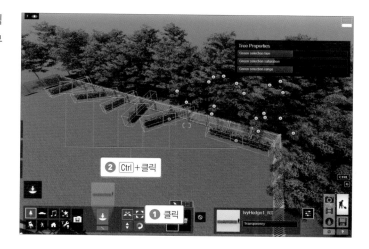

08 현재 선택한 오브젝트의 회전 방향을 일치시키기 위해 'Context Menu' 아이콘(🔧)을 클릭한 다음, 선택된 오브젝트 중 수평으로 회전한 오브젝트를 클릭합니다.

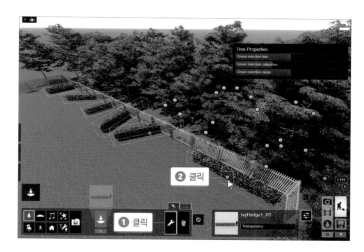

09 Transformation → Same Rotation을 선택합니다. 선택된 오브젝트가 모두 같은 방향으로 정렬된 것을 확인할 수 있습니다.

10 Move Object 기능을 활성화하고, 기존에 배치된 울타리와 수평을 이루도록 이동하여 배치합니다.

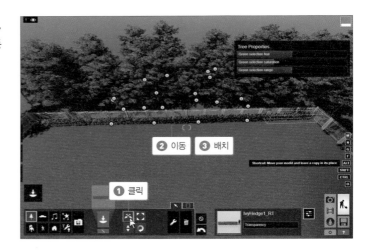

11 같은 방법으로 울타리 주변에 나무 울타리를 배치합니다. 나무 울타리 주변에 꽃나무 오브젝트를 배치하기 위해 Select Object를 클릭합니다.

12 Nature Library 창이 열리면 [Leaf_Small] 탭의 네 번째 페이지에서 'FloweringDogwood−Leaf_M2_RT'를 더블클릭하여 선택합니다.

13 나무 울타리 주변을 클릭하여 꽃나무 오브젝트를 배치합니다. 건물 주변에도 꽃 오브젝트를 배치하여 꾸며주기 위해 Select Object를 클릭합니다.

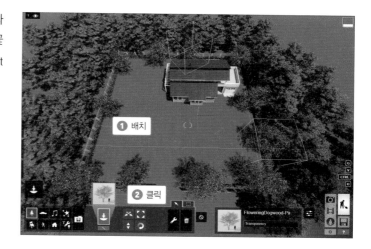

14 Nature Library 창이 열리면 [Flower] 탭의 첫 번째 페이지에서 그림과 같은 꽃 오브젝트를 더블클릭하여 선택합니다.

15 건물 주변을 클릭하여 꽃 오브젝트를 배치합니다.

3 주변 환경 추가하기

건물 대지면에 야외용 벤치와 파라솔, 사람, 동물 그리고 연기 등을 배치해 보겠습니다. 건물 주변에 주변 환경 요소를 추가하면 동영상 제작 시 보다 실감나는 효과가 있습니다.

1 | 벤치, 파라솔 만들기

01　　건물 주변에 벤치를 배치하기 위해 **Objects → Outdoor → Select Object**를 클릭합니다.

02　　Outdoor Library 창이 열리면 [Furniture] 탭의 첫 번째 페이지에서 벤치 오브젝트를 더블클릭하여 선택합니다.

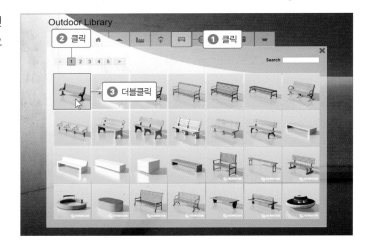

03　　건물의 측면 빈 공간을 클릭합니다. 벤치 오브젝트가 만들어지면 'Rotate' 아이콘(🔄)을 클릭한 다음 180˚ 회전하여 위치를 조정합니다.

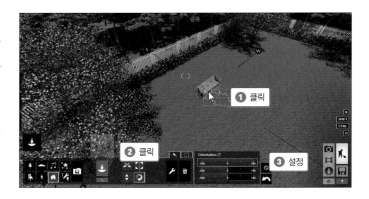

04 벤치와 어울리는 파라솔을 배치해 보겠습니다. Select Object를 클릭합니다.

05 Outdoor Library 창이 열리면 [Furniture] 탭의 다섯 번째 페이지에서 파라솔 오브젝트를 더블클릭하여 선택합니다.

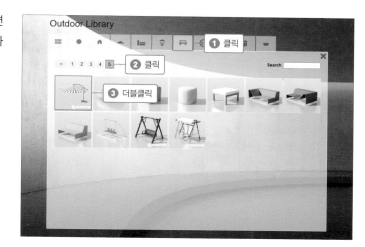

06 벤치 옆을 클릭하여 파라솔 오브젝트를 만듭니다.

07 'Rotate' 아이콘(🔄)을 클릭하여 파라솔을 회전시킨 다음 Move Object 기능을 이용하여 그림과 같이 벤치와 어울리도록 이동합니다.

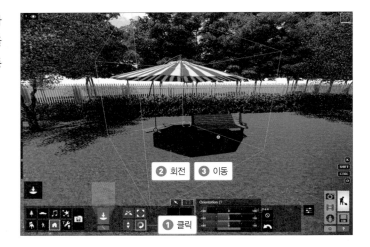

08 Move Object 기능이 활성화된 상태에서 Ctrl 키를 누른 채 벤치와 파라솔 오브젝트를 선택한 다음, 'Create Group' 아이콘(🔲)을 클릭하여 하나의 그룹으로 만듭니다.

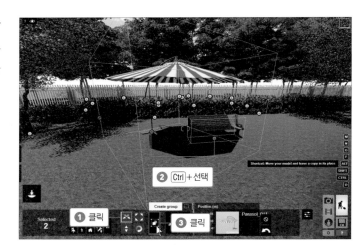

09 만들어진 그룹을 Move Object 기능이 활성화된 상태에서 Alt 키를 누른 채 드래그하여 복사하고 그림과 같이 배치합니다.

2 | 굴뚝 연기 추가하기

01　사실적인 표현을 위해 건물 굴뚝에
연기를 추가하겠습니다. Place Mode로 이동
하고, **Effect → Select Object**를 클릭합니다.

02　Effect Library 창이 열리면
[Smoke] 탭에서 연기 오브젝트를 더블클릭하
여 선택합니다.

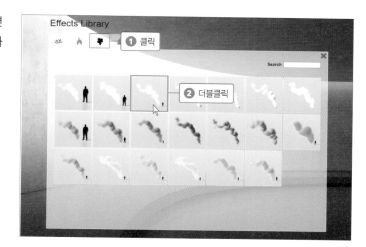

03　그림과 같이 건물의 굴뚝 위를 클릭
하여 연기를 만듭니다.

3 | 동물, 사람 배치하기

01 　　건물 주변에 동물과 사람을 배치하기 위해 **Objects → People And Animals → Select Object**를 클릭합니다.

02 　　Character Library 창이 열리면 [Birds] 탭에서 새 오브젝트를 더블클릭하여 선택합니다.

03 　　그림과 같이 건물의 지붕 위를 클릭하여 새 오브젝트를 만듭니다.

04 같은 방법으로 Character Library 창의 [Pet] 탭에서 고양이 오브젝트를 더블클릭하여 선택합니다.

05 건물 출입문 앞을 클릭하여 고양이 오브젝트를 만듭니다.

06 다시 Character Library 창을 열고, [Pet] 탭에서 개 오브젝트를 더블클릭하여 선택한 후 그림과 같이 만듭니다.

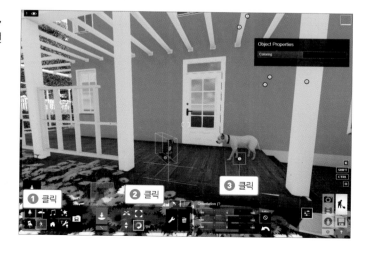

07 사람을 추가하기 위해 Character Library 창을 열고, [Women_3D] 탭의 세 번째 페이지에서 그림과 같이 앉아 있는 여자 오브젝트를 더블클릭하여 선택합니다.

08 벤치 오브젝트로 시점을 이동한 다음, 벤치의 바닥 면을 클릭하여 여자 오브젝트를 만듭니다. 같은 방법으로 사람을 더 추가합니다.

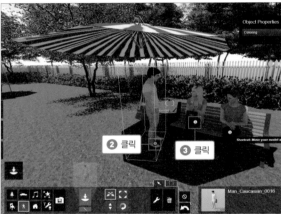

09 사람과 자동차 오브젝트를 추가하여 공간을 보기 좋게 채웁니다.

CHAPTER

006 외부 파일 Object 불러오기

3ds Max, SketchUp과 같은 외부 파일을 불러오는 방법과 Context Menu의 활용에 대해 알아보고, 실무 작업 시 꼭 필요한 기능을 정리해 보겠습니다.

1 3ds Max Object 불러오기

현재 건축 시장에서 사용 비중이 높은 3ds Max에서 만든 파일을 불러오는 방법을 알아보겠습니다. 공간상의 중심축(0,0,0)과 Pivot에 관련된 부분이 핵심이므로, 이 부분을 중점적으로 정리하기 바랍니다.

01 3ds Max를 실행하고 Top 창에서 그림과 같이 주전자 오브젝트를 만듭니다. 이때, 공간상의 중심축(0,0,0)에서 대각선 방향 위에 만듭니다.

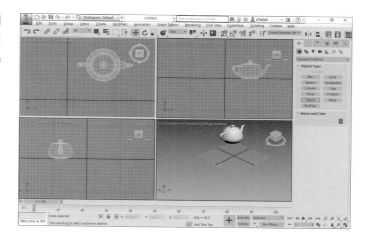

02 만든 파일을 내보내기 위해 Export 를 누릅니다.

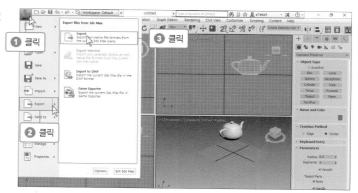

03　　Select file to Export 창에서 파일
의 저장 경로를 바탕화면으로 지정하고, File
name에 'Test Object_1.FBX'를 입력한 다음
〈Save〉 버튼을 클릭합니다.

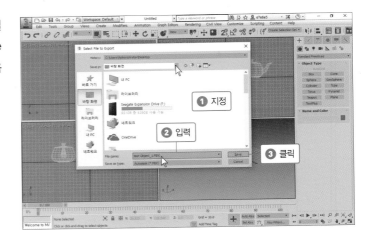

04　　루미온을 실행하고 새 작업 화면
을 엽니다. 3ds Max에서 만든 파일을 불러오
기 위해 **Objects → Imports → Import New
Mode**를 클릭합니다.

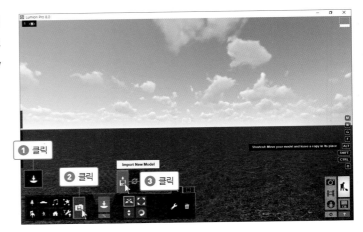

05　　[열기] 대화상자가 표시되면 'Test
Object_1.FBX' 파일을 선택하고 〈열기〉 버튼
을 클릭하여 불러옵니다.

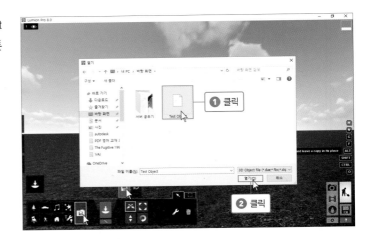

06 외부 파일 불러오기 창이 표시되면 'Add to Library' 아이콘(☑)을 클릭합니다.

····TIP····

만약, 불러오는 파일 중 Animation이 있다면 'Import animations' 옵션에 체크합니다.

07 화면을 클릭하여 파일을 불러온 다음 'Move Object' 아이콘(⬛)을 클릭하여 활성화합니다. 불러온 오브젝트의 Pivot이 그림과 같이 밀려 있는 것을 확인할 수 있습니다.

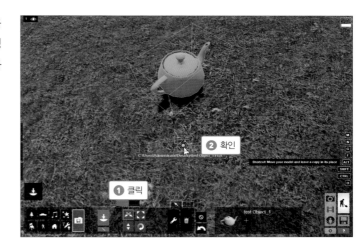

08 'Scale' 아이콘(⬛)을 클릭하여 확대하면 Pivot이 커지면서 위치 값도 같이 변합니다. 이제 이 파일을 3ds Max에서 연 다음, Pivot이 가운데에 오도록 수정하고 루미온에서 변경된 값을 불러올 것입니다.

09 3ds Max로 이동한 다음, 화면에 표시된 주전자 오브젝트를 클릭합니다. 'Move' 아이콘(✛)을 클릭하고 F12 키를 눌러 Move Transform Type-In 창을 엽니다.

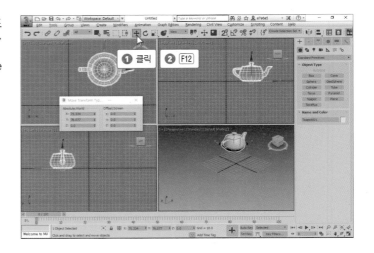

10 Top 창에서 Absolute:World의 X 값과 Y 값을 '0'으로 설정합니다.

····TIP···································
Z 값은 고도 값이 있을 수 있기 때문에 반드시 0으로 만들 필요는 없습니다.
···

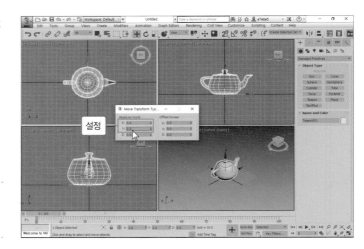

11 조정한 파일을 내보내기 위해 메뉴에서 Export를 눌러 Select file to Export 창을 표시합니다. 파일 이름과 저장 경로를 확인한 다음 〈Save〉 버튼을 클릭합니다.

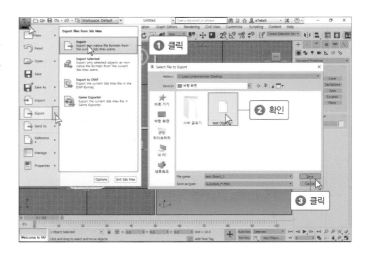

12 그림과 같이 경고 메시지가 나오면 〈예(Y)〉 버튼을 클릭합니다.

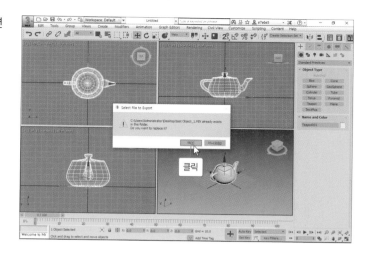

13 FBX Export 창이 표시되면 〈OK〉 버튼을 클릭합니다.

14 루미온으로 이동합니다. 'Re-import Model' 아이콘()을 클릭하면 주전자의 Pivot이 가운데에 위치한 것을 확인할 수 있습니다.

2 스케치업 파일 불러오기

|예제 및 결과 파일| Part_2\Mesh.skp

스케치업을 활용하여 루미온의 Re-Import 기능을 알아보겠습니다. 이 기능은 루미온에 불러온
모델링 데이터를 변경할 경우에 사용하는 기능으로, 건축 실무에 꼭 필요한 기능입니다.

01 스케치업을 실행하고, Part_2 폴더
의 'Mesh.skp' 파일을 엽니다.

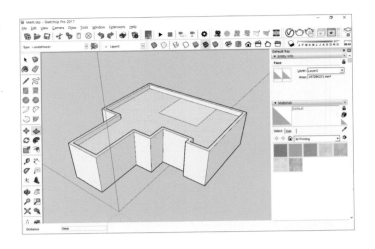

02 File → **Save As**를 클릭하여 [다른
이름으로 저장] 대화상자를 표시합니다.
파일의 저장 경로를 바탕화면으로 지정한 다음
〈Save〉 버튼을 클릭합니다.

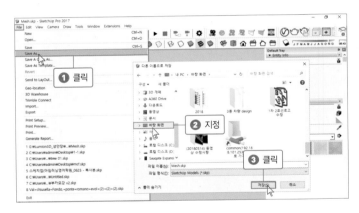

03 루미온을 실행하고 스케치업에서 만
든 파일을 불러오기 위해 **Objects → Imports
→ Import New Mode**를 클릭합니다. [열기]
대화상자가 표시되면 'Mesh.skp' 파일을 선택
하고 〈열기〉 버튼을 클릭합니다.

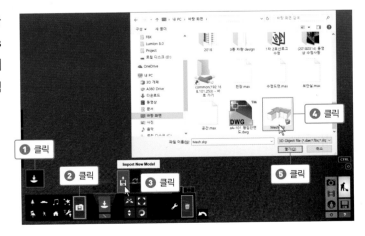

04 화면을 클릭하여 파일을 불러옵니다. 이제 이 파일을 스케치업에서 수정한 다음, 루미온에서 변경된 값을 불러올 것입니다.

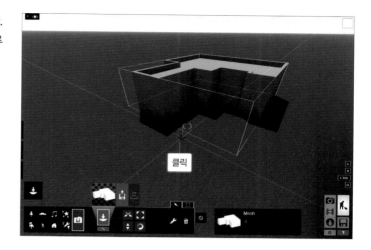

05 스케치업으로 이동하고, 'Push/Pull' 아이콘(◆)을 클릭하여 활성화한 다음 옥상 부분의 Rectangle을 클릭합니다.

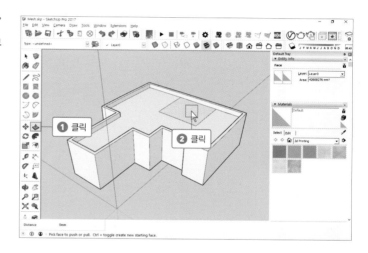

06 그림과 같이 면을 올린 다음, Offset을 선택하여 그림과 같이 면을 만듭니다.

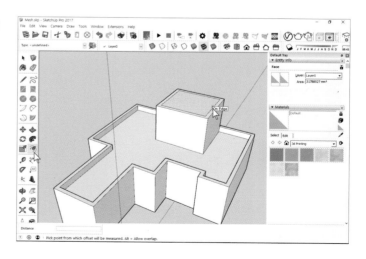

07 다시 Push/Pull 기능을 이용하여 그림과 같이 선택된 면을 아래로 내립니다.

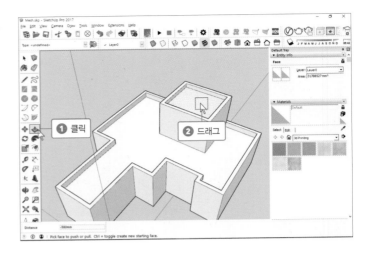

08 File → Save를 클릭하여 변경된 파일을 저장합니다.

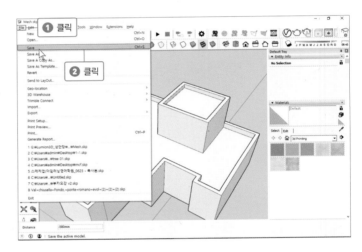

09 루미온으로 이동합니다. 'Re-import Model' 아이콘(🔁)을 클릭하면 변경된 모델링 데이터가 업로드된 것을 확인할 수 있습니다.

····TIP····

불러들인 오브젝트의 Pivot과 Mesh의 변형은 모두 Re-import Model으로 바로 바로 변경할 수 있습니다.

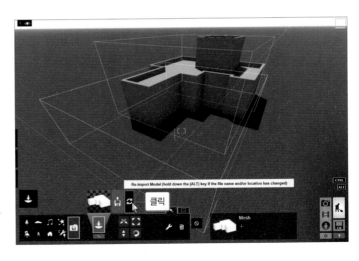

3 Context Menu 사용하기

|예제 및 결과 파일| Part_2\Terrain\IM_Export.FBX

Context Menu는 불러온 Mesh를 Terrain에서 설정한 모델링과 같은 속성으로 맞춰주는 기능입니다. 넓은 지형에 나무를 심기 위해 Ctrl 키를 누르고 나무 오브젝트를 배치하면, 나무들이 바닥의 Terrain 지형에 배치되는 불편함이 있습니다. 이런 경우, 배치할 지면의 속성을 Terrain Mesh로 속성을 변경하기 위해 사용합니다.

01 루미온을 실행하고 **Objects →
Imports → Import New Mode**를 클릭합
니다. [열기 대화상자가 표시되면] Part_2 폴
더 내부의 Terrain 폴더에서 'IM_Export.FBX'
파일을 선택하고 〈열기〉 버튼을 클릭합니다.

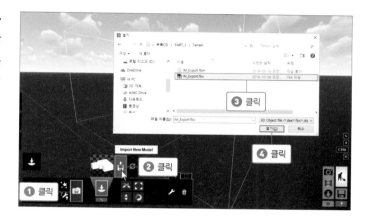

02 화면에 빈 공간을 클릭하여 지형을
불러온 다음 산 능선에 나무를 심어 주기 위해
Nature → Select Object를 클릭합니다.

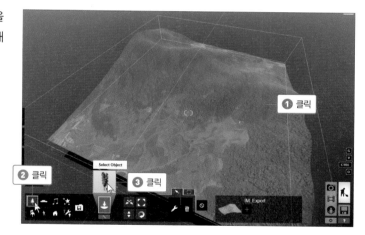

03 Nature Library 창이 표시되면
[Leaf_Large] 탭의 여섯 번째 페이지에서 그
림과 같은 나무 오브젝트를 더블클릭하여 선택
합니다.

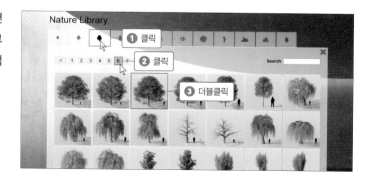

04　지형의 면적이 넓기 때문에 오브젝트를 하나씩 만들어 배치하기엔 한계가 있습니다. 한번에 여러 개의 오브젝트를 배치하는 기능을 사용하기 위해 [Ctrl] 키를 누른 채 나무를 배치할 부분을 클릭합니다.

05　화면에 보이는 Pivot을 선택하기 위해 [Ctrl] 키를 누른 채 모든 Pivot이 포함되도록 드래그하면 나무 오브젝트 하나만 표시되는 것을 확인할 수 있습니다. 'Move Object' 아이콘(⚒)을 클릭합니다.

06　Move Object 기능이 활성화된 상태에서 나무 오브젝트를 약간 이동합니다. 산의 레벨에 맞게 나무가 올라 온 것을 확인할 수 있습니다.

07 이제 불러온 Mesh를 지형 Terrain 으로 형질을 변경하겠습니다. `Import` 아이콘 (🖼)을 클릭하고, 지형 Mesh의 Pivot을 클릭 합니다.

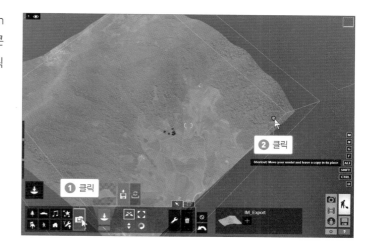

08 `Context Menu` 아이콘(🔧)을 클릭 하여 활성화하고, 지형 Mesh의 Pivot을 클릭 합니다.

09 그림과 같이 선택 명령이 표시되면 `Mark as terrain`을 선택합니다.

10 추가 명령을 표시하기 위해 'Extra'를 선택합니다.

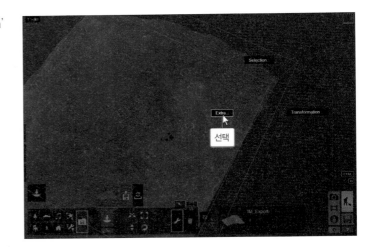

11 'On(will lock model)'을 선택하여 선택된 Mesh의 위치를 고정합니다.

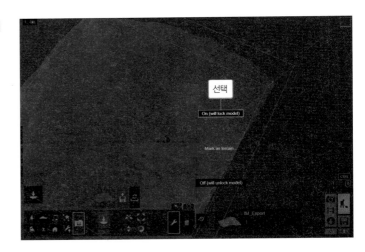

12 'Nature' 아이콘()을 클릭하여 활성하고, Ctrl 키를 누른 채 산의 능선을 클릭합니다.

13 화면에서 먼 곳에 있는 나무 오브젝트가 잘 보이지 않는 것을 확인할 수 있습니다. 오른쪽 아랫부분에서 'Settings' 아이콘(⚙)을 클릭합니다.

14 Settings 창이 열리면 'High quality tree in editor' 아이콘(🔅)을 클릭하여 활성화하고 'OK' 아이콘(✔)을 클릭합니다.

15 먼 곳에 있는 나무 오브젝트가 모두 표시되는 것을 확인할 수 있습니다.

4 Place item on nodes 사용하기

Context Menu의 Place item on node 기능에 대해 알아보겠습니다. 불러온 모델의 변에 루미온에서 제공하는 나무, 조명, 사람 오브젝트를 한번에 배치하는 편리한 기능입니다.

1 | 가로수 틀 불러오기

|예제 및 결과 파일| Part_2\Node\node_test.FBX ,node_test2.FBX

01 루미온을 실행하고, 새로운 작업 환경을 연 다음 **Objects → Imports → Import New Mode**를 클릭합니다. [열기] 대화상자가 표시되면 Part_2 폴더 내부의 Node 폴더를 선택합니다.

02 'node_test.FBX' 파일을 선택하고 〈열기〉 버튼을 클릭합니다.

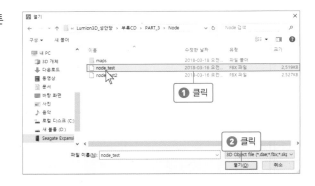

03 화면의 빈 공간을 클릭하여 모델링 데이터를 불러옵니다.

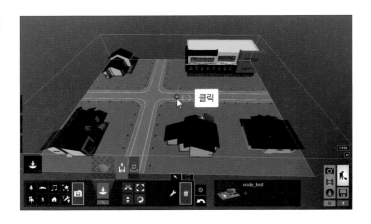

04 같은 방법으로 [열기] 대화상자를 표시한 다음 'node_test2.FBX' 파일을 선택하고 〈열기〉 버튼을 클릭합니다.

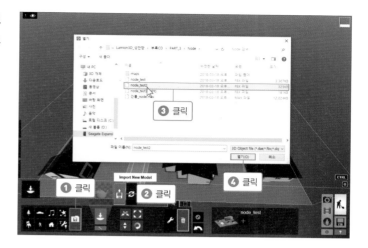

05 화면의 빈 공간을 클릭하여 집 오브젝트를 불러옵니다.

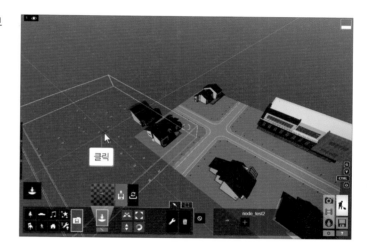

06 'Move Object' 아이콘(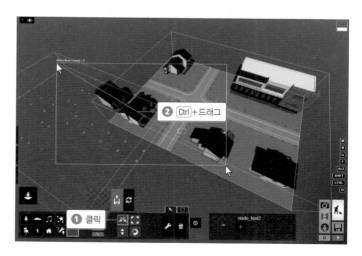)을 클릭하고, Ctrl 키를 누른 채 두 개의 오브젝트가 모두 포함되도록 드래그하여 선택합니다.

07 'Context Menu' 아이콘(🔧)을 클릭
하여 활성화하고, 건물 오브젝트의 Pivot을 그
림과 같이 클릭합니다.

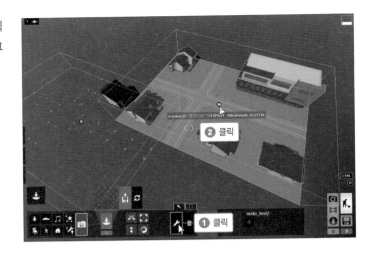

08 선택 명령이 표시되면 'Transformation'을 선택한 다음, 이어서 'Align'을 선택합니다. 선택된 오브젝트들이
현재의 오브젝트를 중심으로 모입니다.

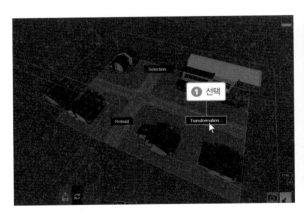 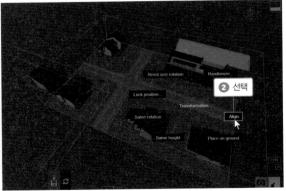

09 현재 두 개의 오브젝트가 선택된 상
태입니다. 모든 선택을 해제하기 위해 Ctrl 키
를 누른 채 빈 공간을 클릭합니다.

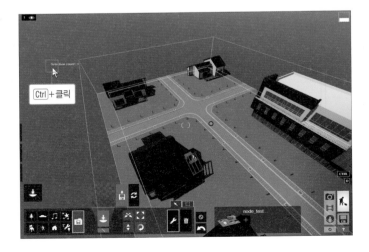

2 | 가로수, 잔디 한번에 배치하기

|예제 및 결과 파일| Part_2\Node\node_test3(light).FBX

01　　불러온 조경수 틀에 가로수를 배치하기 위해 **Objects → Nature → Select Object**를 클릭합니다.

02　　Nature Library 창이 표시되면 [Leaf_Large] 탭의 세 번째 페이지에서 그림과 같은 나무 오브젝트를 더블클릭하여 선택합니다.

03　　나무 오브젝트가 선택된 상태에서 'Import' 아이콘(🔲)과 'Context Menu' 아이콘(🔧)을 클릭하여 활성화하고, 그림과 같이 가로수 틀을 선택합니다.

····TIP

두 개 이상의 오브젝트가 같은 지점에 Pivot이 중첩되어 있을 경우, 마우스 커서를 Pivot에 위치하고 W 키를 누르면 위로 선택, S 키를 누르면 아래로 선택이 가능합니다.

04 선택 명령이 표시되면 'Extra'을 선택합니다.

05 Align 기능을 사용하여 Nature에 선택된 나무 오브젝트를 현재 오브젝트를 기준으로 배치하기 위해 **Place item on nodes → Place current tree on nodes**를 선택합니다.

06 가로수가 배치된 것을 확인할 수 있습니다. 잔디와 잔디 조명을 배치하기 위해 **Imports → Import New Mode**를 클릭합니다.

07 [열기] 대화상자가 표시되면 Part_2 폴더 내부의 Node 폴더에서 'node_test3(light).FBX' 파일을 선택하고 〈열기〉 버튼을 클릭합니다.

08 화면의 빈 공간을 클릭하여 모델링 데이터를 불러옵니다.

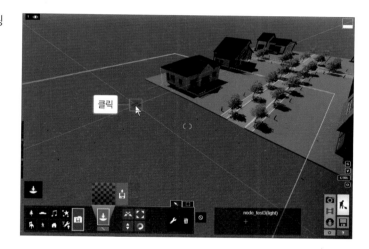

09 화면을 확대하면 잔디 조명에 조명 Mesh가 나온 것을 확인할 수 있습니다. Ctrl 키를 누른 채 불러들인 건물 오브젝트를 모두 선택합니다.

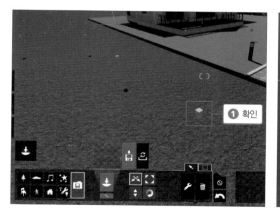

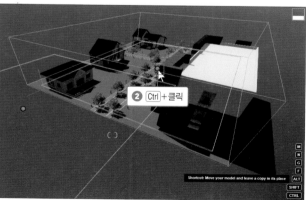

10 'Context Menu' 아이콘(🔧)을 클릭
하여 활성화하고, 건물 오브젝트의 Pivot을 그
림과 같이 클릭합니다. 가로수 틀 오브젝트가
선택되지 않도록 W 키를 눌러 건물 오브젝트
를 선택합니다.

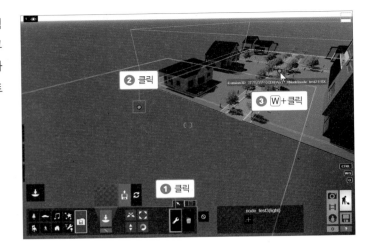

11 선택 명령이 표시되면 'Transformation'을 선택한 다음, 이어서 'Align'을 선택합니다. 선택된 오브젝트가 현
재의 오브젝트를 중심으로 모입니다.

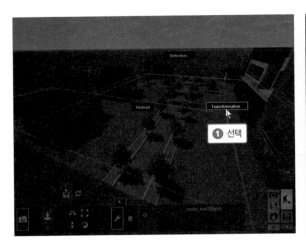
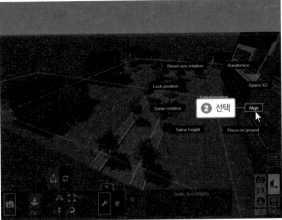

12 모든 배치를 마치면 Ctrl 키를 누르고
빈 공간을 클릭하여 선택을 해제합니다.

3 | 잔디 조명 추가하기

|예제 및 결과 파일| Part_2\Node\Node.ls8

01 불러온 잔디 조명에 빛을 추가하기 위해 Objects → Lights and Special Objects → Select Object를 클릭합니다.

02 Light And Utilities Library 창이 표시되면 [OmniLight] 탭을 클릭하고 그림과 같이 조명 오브젝트를 선택합니다.

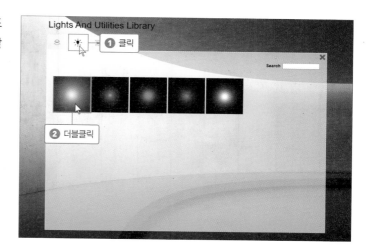

03 'Context Menu' 아이콘(🔧)을 클릭하여 활성화하고, 잔디 조명의 Mesh를 선택합니다.

04 그림과 같이 선택 명령이 표시되면 'Extra'를 선택합니다.

05 **Place item on node → Place Current light on node**를 선택합니다.

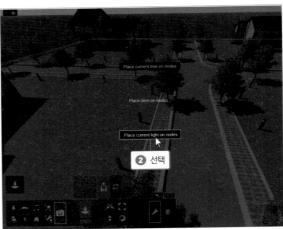

06 잔디 조명에 빛이 나지 않는 것을 확인하고, 하늘의 밝기를 변경하기 위해 마우스 커서를 작업 화면 왼쪽에 가져간 후 'Weather' 아이콘(█)을 클릭합니다.
Sun Height를 아래로 드래그하여 어두운 하늘을 만듭니다.

07 `Materials` 아이콘()을 클릭하여 활성화한 다음, 잔디 조명 Mesh를 선택합니다. Material library 창이 표시되면 [Custom] 탭에서 `Standard`를 선택합니다.

08 Standard의 Setting 창으로 이동합니다. Emissive를 `62`로 설정하고 `OK` 아이콘()을 클릭합니다. 선택한 잔디 조명 Mesh에서 빛이 나는 것을 확인할 수 있습니다.

09 건물에 유리와 아스팔트의 재질을 추가하고 마무리합니다.

····TIP····

재질(Material)에 관한 자세한 내용은 다음 파트에서 다룹니다.

 CHAPTER

OO7 Material 환경 설정하기

루미온에서 제공하는 Material의 옵션을 이해하고 각 기능의 사용 방법을 살펴보겠습니다.

1 Lumion3D Material Custom Menu 살펴보기

루미온의 모든 재질은 Custom 기반이며, Lumion Pro에 있는 Nature, Indoor, Outdoor의 재질이 Custom으로 제작된 Material Library입니다. 재질의 옵션에 대해 알아봅니다.

① **Billboard** : 적용한 재질이 항상 카메라를 정면으로 바라보게 합니다.

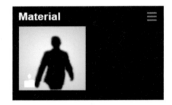

② **Color** : 그림 이미지가 적용되지 않은 재질로, 페인트와 같은 효과를 표현하는 재질입니다.

ⓐ Flicker Reduction(0.4m at 25.0m) : 두 개의 면이 중복된 경우, 현재 적용된 재질에 두께 값을 적용해서 중첩에 의한 노이즈 현상을 해결합니다.

③ **Invisible** : 적용한 재질을 화면에서 완전히 투명하게 처리합니다.

④ **Glass** : 투명한 유리 재질을 나타냅니다.

ⓐ RGB : 유리의 기본 색상을 설정합니다.

ⓑ Reflectivity : 유리 표면 반사율(반사의 강약)을 설정합니다.

ⓒ Transparency : 유리의 투명도를 설정합니다.

ⓓ Texture Influence : 유리 뒷면에 적용된 Bitmap 투영 반사 강약을 설정합니다.

ⓔ Double sided : 적용한 재질에서 Mesh Un-Normal 방향의 표현 강약을 설정합니다.

ⓕ Glossiness : 반사 이미지의 선명도를 설정합니다.

ⓖ Brightness : 유리의 밝기를 설정합니다.

〈Texture Influenc : 0〉

〈Texture Influence : 1〉

⑤ **Glass Advanced** : 보강된 유리 재질을 나타냅니다.

ⓐ RGB : 유리의 기본 색상을 설정합니다.

ⓑ Colorization : RGB의 색상 반영 강약을 설정합니다.

ⓒ Reflectivity : 유리 표면 반사율(반사의 강약)을 설정합니다.

ⓓ Internal Reflections : 유리 내부 반사율의 강약을 설정합니다.

ⓔ Opacity : 유리 재질의 투명도를 설정합니다.

ⓕ Double sided : 적용한 오브젝트에서 Mesh Un-Normal 방향의 표현 강약을 설정합니다.

ⓖ Glossiness : 반사 이미지의 선명도를 설정합니다.

ⓗ Frostiness : 결빙 효과로 유리 내부 굴절 Blur 효과를 설정합니다.

ⓘ Relief : Noise Bump Map 강약을 설정합니다.

ⓙ Scale : Noise 입자의 크기를 설정합니다.

⑥ **Landscape** : 적용된 Mesh를 Lumion의 Terrain으로 만들어 주는 재질로, Landscape에서 편집이 가능한 객체로 만들어 줍니다.

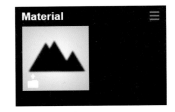

⑦ **Light Map** : 3ds Max와 같은 모델링 제작 툴에서 별도의 Lightmap을 제작하여, 이미지를 활용합니다. 조명이 없어도 조명을 적용한 효과를 만들어 주는 재질입니다.

ⓐ Change Diffuse Texture : Bitmap 이미지 넣는 자리

ⓑ Change Light Map Texture : 라이트 맵을 넣는 자리

ⓒ Lightmap : 재질의 밝기 강약을 설정합니다.

ⓓ Lightmap Multiply : 라이트 맵이 갖고 있는 조명 영역의 표현 강약을 설정합니다.

ⓔ Ambient : 재질의 어두운 영역의 밝기 강약을 설정합니다.

ⓕ Depth Offset : 동영상을 제작할 경우, 수치 값을 높일수록 면의 떨림을 줄입니다.

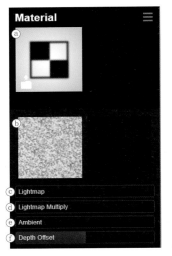

⑧ **Standard** : 루미온의 기본 재질로, Bitmap과 유리 재질 등 재질에 사용되는 대부분의 기능이 들어가 있습니다.

ⓐ ▨ Choose Color Map : 표면 재질에 적용될 이미지를 선택합니다.

ⓑ ▨ Choose Normal Map : Normal Map을 불러옵니다.

ⓒ Create Normal Map : Color Map에 선택된 이미지를 활용한 Normal Map을 만듭니다.

· ▣ : 양각 방향으로 튀어 나오는 효과

· ▣ : 음각 방향으로 들어간 효과

ⓓ Colorization : 재질의 기본 색상을 선택 후 적용하고, Color Map(bitmap) 이미지의 배색 강약을 설정합니다.

ⓔ Gloss : 반사의 선명도를 설정합니다.

ⓕ Reflectivity : 재질의 표면 반사율(반사의 강약)을 설정합니다.

ⓖ Relief : 적용된 Normal의 Bump 효과 강약을 설정합니다.

ⓗ Scale : Color Map(Bitmap)과 Normal Map의 이미지 크기를 설정합니다.

⑨ **Standard Hide Extended Settings**: Standard 재질의 숨은 확장 기능을 나타냅니다.

〈Position〉　　　　　　　　　〈Orientation〉　　　　　　　　　〈Transparency〉

ⓐ Position
· X Offset : X축 방향으로 이미지 이동
· Y Offset : Y축 방향으로 이미지 이동
· Z Offset : Z축 방향으로 이미지 이동

ⓑ Orientation
· Heading : 수평(top)으로 이미지 회전하기
· Pitch : 측면(Side)으로 이미지 회전하기
· Bank : 정면(Front)으로 이미지 회전하기

ⓒ Transparency
· Waxiness : 휘도 조절
· Transparency : 점 단위로 표현되는 투명도 강약

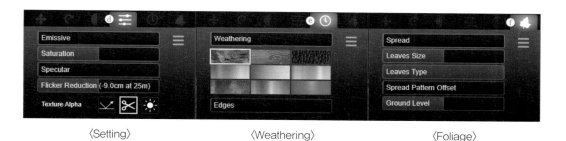

〈Setting〉　　　　　　　　　〈Weathering〉　　　　　　　　　〈Foliage〉

ⓓ Setting
· Emissive : 발광 재질 표현, 네온사인 및 형광등 효과
· Saturation : Color Map(Bitmap)에 적용된 이미지 채도 조절
· Specular : 재질의 Hightlight 강약 조절
· Filcker Reduction(−11.0Cm at 25m) : 두 개의 면이 중복된 경우, 현재 적용된 재질의 두께 값을
  적용해서 중첩에 의한 노이즈 현상을 해결
· Texture Alpha : PNG 파일과 같이 Alpha Map을 가진 Color Map 적용 시 사용 옵션

☑ Color Map Alpha Mask Reflectivity : 알파 맵을 기준으로 반사 효과 적용
✂ Color Map Alpha Clips Object : 알파 맵을 기준으로 주변 면을 투명 처리
✵ Color Map Alpha Mask Emissive : 알파 맵을 기준으로 Emissive 효과 적용

ⓔ Weathering

· Weathering : 부식된 효과의 강약 조절. Stone, Wood, Leather, Silver, Aluminium, Gold, Iron, Copper, Plastic 중 하나를 선택하면, 선택된 재질을 기준으로 부식 효과를 적용합니다.

· Edge : 재질이 적용된 오브젝트의 모서리를 라운딩 처리

ⓕ Foliage

· Spread : 수직 방향으로 잎의 분포 정도 설정

· Leaves Size : 잎의 크기 설정

· Leaves Type: 잎의 종류(총 10가지 제공) 선택

· Spread Pattern Offset : 좌우의 잎의 분포 설정

· Ground Level : 잎이 최초로 생성되는 기준점 설정

⑩ **Water** : 물 재질을 나타냅니다. 관련 옵션을 설정할 수 있습니다.

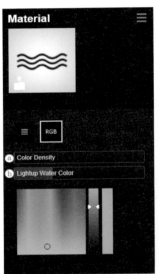 

ⓐ Color Density : RGB 색상의 농도를 설정합니다. 물 속 색상을 나타냅니다.

ⓑ Lightup Water Color : 물의 상부(표면) 색상을 설정합니다.

ⓒ Wave Height : 물 파고의 높이를 설정합니다.

ⓓ Glossiness : 물 표면 반사의 선명도를 설정합니다. '0'은 흐림, '1'은 선명함을 나타냅니다.

ⓔ Wave Scale : 물의 너울의 크기를 설정합니다.

ⓕ Caustics Scale : 빛 굴절에 의한 빛 그림자 효과의 크기를 설정합니다.

ⓖ Reflectivity : 물의 표면 반사율(반사의 강약)을 설정합니다.

ⓗ Foam : 거품 생성의 강약을 설정합니다.

ⓘ Border Displacement : 물의 테두리의 변형 강약을 설정합니다.

⑪ **Waterfall** : 폭포와 같이 낙차를 갖는 물 표현 재질을 나타냅니다.

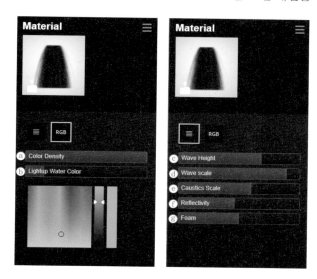

ⓐ Color Density : RGB 색상의 농도를 설정합니다. 물 속 색상을 나타냅니다.

ⓑ Lightup Water Color : 물의 상부(표면) 색상을 설정합니다.

ⓒ Wave Height : 물 파고의 높이를 설정합니다.

ⓓ Wave Scale : 물의 너울의 크기를 설정합니다.

ⓔ Caustics Scale : 빛 굴절에 의한 빛 그림자 효과의 크기를 설정합니다.

ⓕ Reflectivity : 물의 표면 반사율(반사의 강약)을 설정합니다.

ⓖ Foam : 거품 생성의 강약을 설정합니다.

2 정원 디자인하기

오브젝트에 재질을 적용하고 활용하는 방법을 알아보도록 하겠습니다. 각각의 재질이 갖고 있는 Sub Material에서 돌, 금속, 나무 재질의 부식된 느낌을 활용하면 사실감 있고, 완성도 높은 결과물을 만들 수 있습니다. Material library는 총 다섯 개의 섹션으로 구성되어 있으며, Nature, Indoor, Outdoor, Custom, Favorite 등이 있습니다.

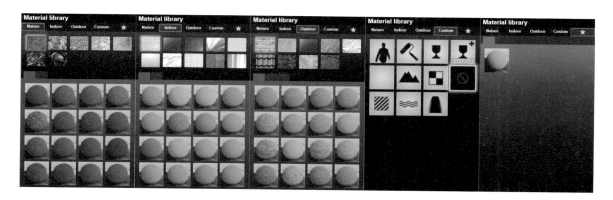

1 | 분수대 재질 적용하기

|예제 및 결과 파일| Part_2\Material\정원.FBX

01 루미온을 실행하고, 새로운 작업 환경을 엽니다. 실습에 필요한 예제 파일을 불러오기 위해 **Objects → Imports → Import New Model**를 클릭합니다.

[열기] 대화상자가 표시되면 Part_2 폴더 내부의 Material 폴더에서 '정원.FBX' 파일을 선택하고 〈열기〉 버튼을 클릭합니다.

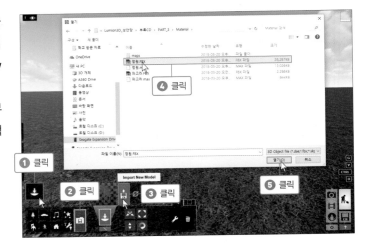

02 외부 파일 불러오기 창이 표시되면 'Add to Library' 아이콘(☑)을 클릭합니다.

03 화면의 빈 공간을 클릭하여 그림과 같이 모델링 데이터를 불러옵니다. 이제 각각의 오브젝트에 재질을 적용해 보겠습니다.

04 　분수대 오브젝트로 시점을 이동합니다. 'Materials' 아이콘( )을 클릭하여 활성화한 다음, 분수대의 면 부분을 클릭하여 선택합니다. Material library 창이 표시되면 [Nature] 탭의 Water에서 'Calm Pond'를 선택하여 적용합니다.

05 　분수대의 물 부분을 클릭하여 Mate rial library 창을 표시하고, [Custom] 탭에서 'Waterfall'를 선택합니다.

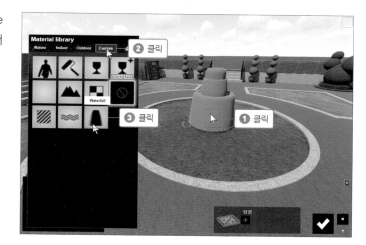

06 　Wave Height(물너울 높이)를 '0.2', Wave Scale(물너울 크기)을 '2.7', Reflectivity(반 사율)을 '1', Foam(거품 양)을 '0.03'으로 설정합 니다.

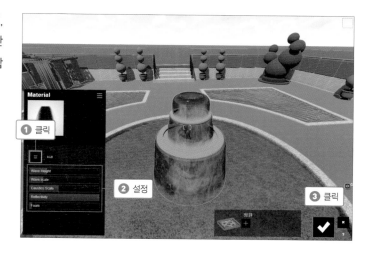

2 | 화분, 담장, 계단 재질 적용하기

01 화분 오브젝트로 시점을 이동하고, 화분 위쪽의 구 모양의 Mesh를 선택합니다. Material library 창이 표시되면 [Nature] 탭의 Leaves에서 'Leaves2'를 선택하여 적용합니다.

02 담장 오브젝트를 선택합니다. Material library 창이 표시되면 [Nature] 탭의 Leaves에서 'Leaves6'을 선택합니다.

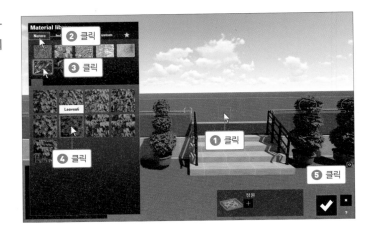

03 계단을 사실감 있게 표현하기 위해 계단 오브젝트를 클릭하여 Material library 창을 표시합니다. [Nature] 탭의 Rock에서 그림과 같은 재질을 선택하고, 적용한 재질의 모서리 부분을 부드럽게 만들기 위해 Weathering 창으로 이동한 다음, Edges를 '0.4'로 설정합니다.

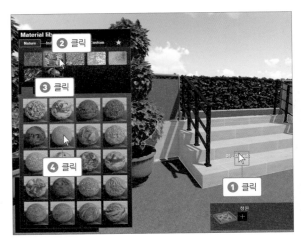

04 Weathering을 '0.6'으로 설정하여 시간이 많이 지난 느낌의 돌을 표현합니다.

05 화분에 재질을 적용하기 위해 그림과 같이 화분 오브젝트를 선택하여 Material library 창을 표시합니다.
[Outdoor] 탭의 Stone에서 'Pavement Stone 009 1024'를 선택하여 적용합니다.

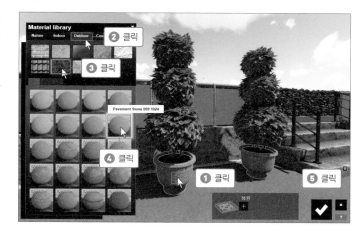

06 계단 오브젝트의 난간 부분을 선택합니다. Material library 창이 표시되면 [Outdoor] 탭의 Metal을 클릭하고, 세 번째 페이지에서 그림과 같은 재질을 선택하여 적용합니다. Colorization을 0.1로 설정하고, Weathering 창에서 Edge를 '0.1'로 설정하여, 적용한 재질의 모서리 부분을 부드럽게 만듭니다.

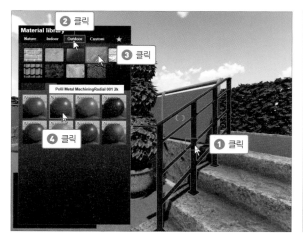

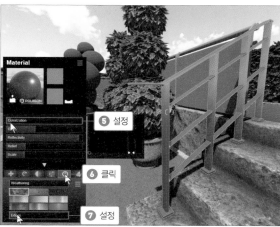

3 | 재질 복사 후 붙여넣기

01 난간 오브젝트의 유리 부분을 선택합니다. Material library 창이 표시되면 [Outdoor] 탭의 Glass를 클릭하고, 두 번째 페이지에서 그림과 같은 재질을 선택하여 적용합니다.

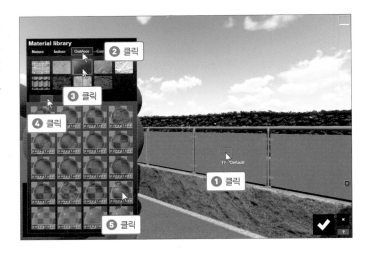

02 계단 오브젝트의 난간 부분에 적용한 재질을 복사하여 유리 난간 프레임에 적용해 보겠습니다. 먼저, 난간 부분을 선택하고 Menu를 클릭합니다.

03 Edit → Copy를 선택하여 현재 재질을 복사합니다.

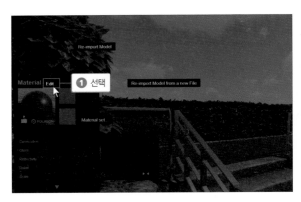

04 복사한 재질을 붙여넣을 유리 난간 프레임을 선택하고, Material Library 창의 [Custom] 탭에서 'Standard'를 선택합니다.

05 유리 난간 프레임에 복사한 재질을 적용해 보겠습니다 먼저, Standard 재질의 Menu를 클릭합니다.

06 Edit → Paste를 선택하여 복사한 재질을 적용합니다.

4 | 바닥, 정자 재질 적용하기

01 계단 위쪽의 바닥 면에 재질을 적용
하겠습니다. 그림과 같이 바닥면을 선택합니다.
Material Library 창이 표시되면 [Outdoor]
탭의 Asphalt에서 'Asphalt Wet'을 선택합
니다.

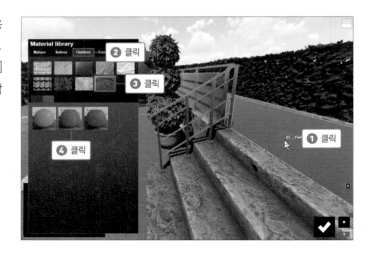

02 Scale을 '6.0'로 설정하여, 적용한
재질 이미지의 크기를 조절합니다.

03 Colorization을 '0.4'로 설정하고, 그
림과 같이 어두운 회색으로 지정합니다.

04 정자 오브젝트로 시점을 이동하고, 커튼 부분을 클릭하여 선택합니다. Material library 창이 표시되면 [Indoor] 탭의 Curtains에서 그림과 같은 재질을 선택합니다.

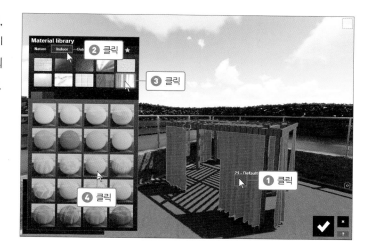

05 정자 오브젝트의 나무 재질을 클릭하여 Material library 창을 표시합니다. 나무 재질을 변경하기 위해 [Outdoor] 탭의 Wood에서 그림과 같은 재질을 선택합니다.

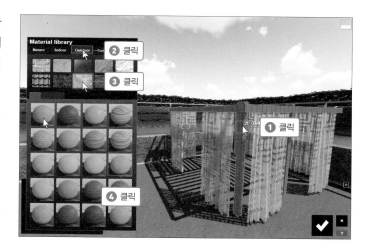

06 커튼과 나무 재질이 적용된 정자 오브젝트를 확인합니다.

3 반사광 만들기

Effect Reflection Control 기능을 활용한 실시간 사물 반사 예제를 통해 재질 활용법을 알아봅니다. 이어서 잔디를 지면에 깔고, 특정 오브젝트를 숨기는 방법도 정리해보겠습니다.

1 | 반사되는 재질 적용하기

01   측면에 있는 구조물 오브젝트로 시점을 이동하고, 아래쪽 면 부분을 선택합니다. Material library 창이 표시되면 [Outdoor] 탭의 Plaster에서 그림과 같은 재질을 선택합니다.

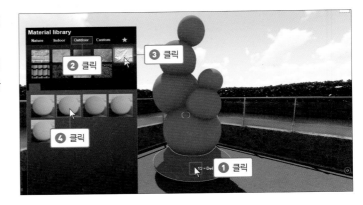

02   Sphere로 제작된 구조물 오브젝트의 윗부분을 선택하고, Material library 창의 [Custom] 탭에서 'Standard'를 선택합니다.

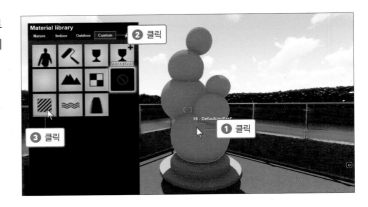

03   Colorization을 '0', Reflectivity을 '2.0'으로 설정하여, 거울과 같이 반사되는 재질을 만듭니다.

04 주변의 물체를 직접 반사하도록 만들기 위해 **Objects → Light and Utilities → Select Object**를 클릭합니다.

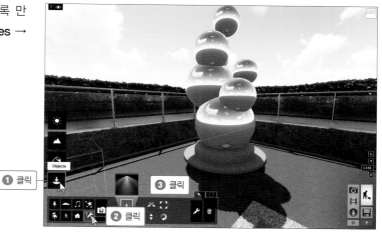

05 Light And Utilities Library 창이 표시되면 [Utilities] 탭에서 'Reflection control'을 선택합니다.

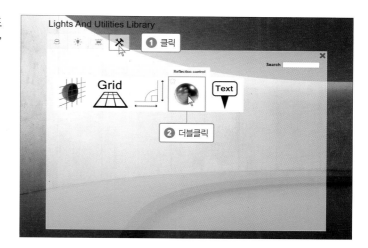

06 구조물 오브젝트 근처의 빈 공간을 클릭하여 Reflection control을 만듭니다.

TIP

Reflection control이 위치한 지점이 반사를 계산하는 기준점이 됩니다.

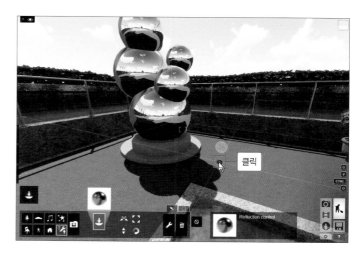

07 'Materials' 아이콘()을 클릭하여 활성화한 다음, 대각선 맞은편에 있는 다른 Sphere 구조물의 면 부분을 선택합니다. Material library 창이 표시되면 [Custom] 탭에서 'Standard'를 선택합니다.

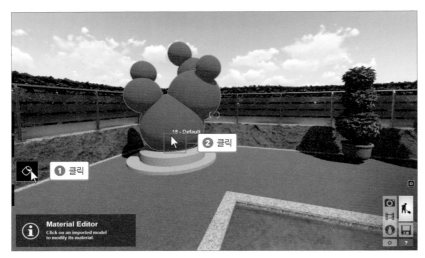

08 Reflectivity를 '2.0', Colorization를 '0.6'으로 설정하고, 기본 색상을 그림과 같이 설정하여, 금색 반사 재질이 되도록 만듭니다.

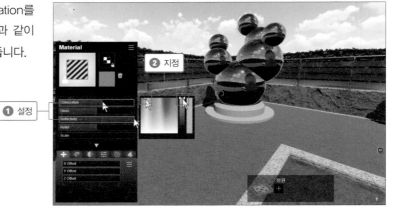

09 반사의 기준점을 변경하기 위해 **Objects → Light and Utilities → Select Object**를 클릭하여 Light And Utilities Library 창을 표시하고, Reflection control을 구조물 오브젝트 근처에 추가합니다.

·····TIP·····

Reflection Control는 한 장면에 하나만 존재하며, 마지막으로 생성한 지점에만 존재하고 이전의 것은 지워집니다.

2 | 지면에 잔디 깔기

01 'Materials' 아이콘(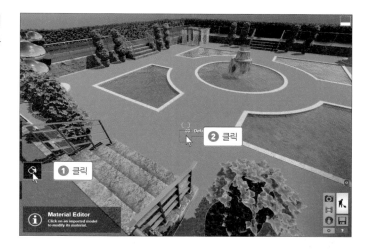)을 클릭하여 활성화한 다음, 그림과 같이 정원의 잔디 부분을 선택합니다.

02 Material library 창이 표시되면 [Custom] 탭에서 'Landscape'를 선택합니다.

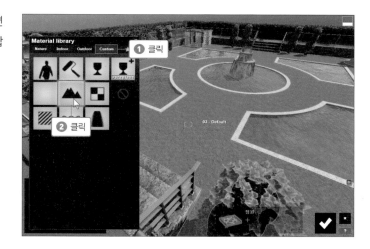

03 Landscape → Grass를 클릭하여 활성화합니다. Landscape 재질이 적용된 부분에 잔디가 생성된 것을 확인할 수 있습니다.

3 | 특정 오브젝트 숨기기

01 특정 오브젝트에 재질을 적용하여 숨겨 보겠습니다. 'Materials' 아이콘()을 클릭하여 활성화한 다음, 계단 오브젝트의 난간 부분을 선택하여 Material 창을 표시하고 Material library 창을 클릭합니다.

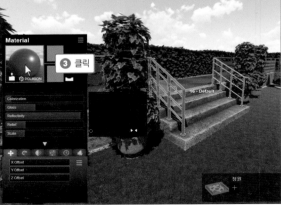

02 Material library 창의 [Custom] 탭에서 'Invisible'를 선택하여 적용합니다.

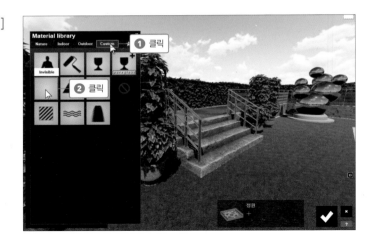

03 화면에서 계단 난간이 사라진 것을 확인할 수 있습니다.

4 | 외부 프로그램에서 만든 오브젝트 불러오기

|예제 및 결과 파일| Part_3\Material\tree_map.FBX, 느티나무.png

01 실습에 필요한 예제 파일을 불러오기 위해 **Objects → Imports → Import New Model**을 클릭합니다.

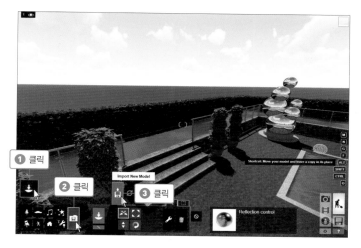

02 [열기] 대화상자가 표시되면 Part_2 폴더 내부의 Material 폴더에서 'tree_map. FBX' 파일을 선택하고 〈열기〉 버튼을 클릭합니다.

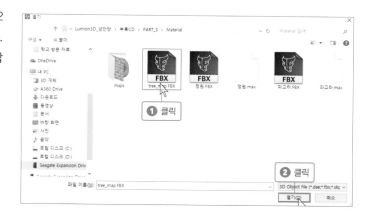

03 외부 파일 불러오기 창이 표시되면 'Add to Library' 아이콘(☑)을 클릭합니다.

04 화면의 빈 공간을 클릭하여 오브젝트를 만듭니다. 지금까지 다뤄온 오브젝트와 달리, 입체적이지 않은 것을 확인할 수 있습니다.

···TIP···

불러온 오브젝트는 3ds Max에서 생성한 면으로, Diffuse에 Alpha를 갖고 있는 '느티나무.png'가 적용된 오브젝트입니다.

05 'Materials' 아이콘(🔦)을 클릭하여 활성화하고 평면 나무 오브젝트를 선택합니다. Material library 창의 [Custom] 탭에서 'Billboard'를 선택하여 적용합니다.

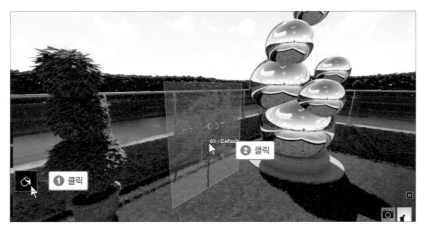

06 'Move Object' 아이콘(✥)을 클릭하여 활성화합니다. Alt 키를 누른 채 나무 오브젝트를 드래그하여 복사하고 그림과 같이 배치합니다.

···TIP···

'Billboard'는 오브젝트가 항상 카메라 동선을 따라 바라보도록 만드는 재질입니다.

OO8 Photo 환경 적용하기

Photo는 루미온에서 제공하는 이미지 제작 기능입니다. 이 기능은 투시도와 조감도 또는 제안용 이미지를 만들 때 사용하며, Email(1280×720), Desktop(1920×1080), Print(3840×2160), Poster(7680×4320) 등 한정된 규격으로 제공됩니다.

|예제 및 결과 파일| Part_2\Part_2_6.ls8, Part_2_6.ls8(결과)

01 루미온 시작 화면의 [Load scene] 탭에서 'Load scene file from disk'를 선택합니다. [열기] 대화상자가 표시되면 Part_2 폴더 내부의 Photo 폴더에서 'Part_2_6.ls8' 파일을 선택하고 〈열기〉 버튼을 클릭합니다.

02 그림과 같이 시점을 잡아준 다음, 오른쪽 아랫부분에서 'Photo' 아이콘(📷)을 클릭합니다.

03 'Store Camera' 아이콘(📷)을 클릭하여 현재 View를 저장한 다음, 필터 효과를 적용하기 위해 'Add Effect(FX)' 아이콘(FX)을 클릭합니다.

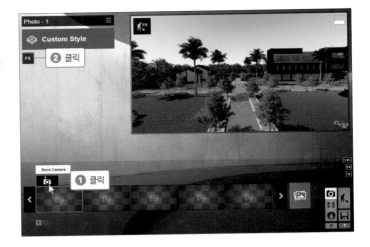

04 Select Photo Effect 창이 표시되면 태양과 관련된 옵션을 설정하기 위해 [Light and Shadow] 탭을 클릭하고 'Sun'을 더블클릭하여 선택합니다.

05 Sun 창에서 Sun height(고도)를 '0.2', Sun heading(수평방향)를 '–0.3', Sun brightness(태양의 밝기)를 '0.9'로 설정하고, 'Add Effect(FX)' 아이콘(FX)을 클릭합니다.

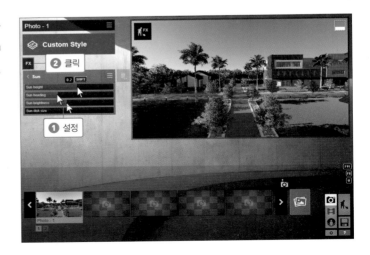

06 Select Photo Effect 창에서 [Camera] 탭을 클릭하고 '2-Point Perspective'를 더블클릭하여 선택합니다.

07 Two Point Perspective 옵션의 오른쪽 버튼을 클릭하여 'On' 상태로 활성화합니다. 건물과 나무 오브젝트가 수직 방향으로 변경된 것을 확인할 수 있습니다.
'Add Effect(FX)' 아이콘(FX)을 클릭하여 Select Photo Effect 창으로 이동합니다.

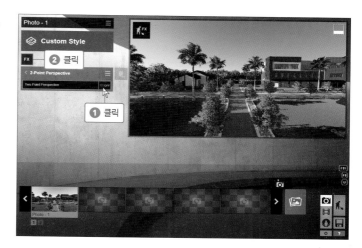

08 [Color] 탭을 클릭하고 'Analog Color Lab'을 더블클릭하여 선택합니다.

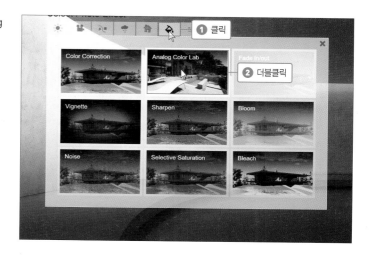

09 Analog Color Lab 창에서 Style을 '1.7'로 설정합니다. 'Add Effect(FX)' 아이콘 (FX)을 클릭하여 Select Photo Effect 창으로 이동합니다.

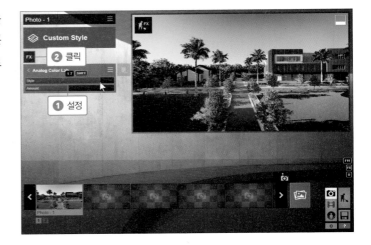

10 [Color] 탭을 클릭하고 'Bloom'을 더블클릭하여 선택합니다.

11 Bloom 창에서 Amount를 '0.8'로 설정합니다.

12 Bloom 창에서 'Back to Effect' 아이콘( )을 클릭합니다.

13 Analog Color Lab을 더블클릭하여 Analog Color Lab 창으로 이동합니다.

14 Analog Color Lab 창에서 Style을 '1.6'으로 설정하여 다른 느낌으로 변경합니다.

15 다음 장면을 만들기 위해 Camera 창을 클릭합니다. 그림과 같이 화면을 드래그 하여 상가 건물 오브젝트를 중심으로 시점을 변경합니다.

16 화면의 View 조작이 끝나면, 'Store Camera' 아이콘(📷)를 클릭하여 현재 Scene 을 저장합니다.

17 Photo-1을 선택하여 이동하고, Menu를 클릭합니다.

18 Edit → **Copy effects**를 선택하여 적용한 모든 필터 효과를 복사합니다.

19 Photo-2를 선택하고, Menu를 클릭 합니다.

20 Edit → **Paste effects**를 선택하여 복사한 필터 효과를 적용합니다.

21 Photo-2에서 Bloom을 더블클릭한 다음, 화면에서 색이 흰색으로 타 버리는 것을 막기 위해 Bloom 창에서 Amount를 약간 내려 '0.3'으로 설정합니다.

22 Photo-3을 선택하고 그림과 같이 화면을 드래그하여 시점을 변경합니다. 화면의 View 조작이 끝나면, 'Store Camera' 아이콘(📷)를 클릭하여 현재 Scene을 저장합니다.

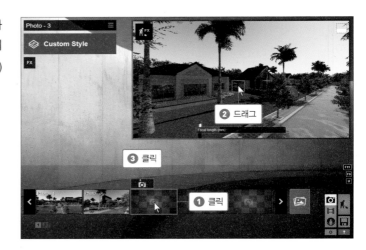

23 Menu → Edit → Paste effects를 선택하여 복사한 필터 효과를 적용합니다. Sun을 더블클릭하여 Sun 창으로 이동합니다.

24 Sun 창에서 Sun height를 '0'으로 설정하여 화면에서 태양광이 사라지도록 만듭니다. 'Build' 아이콘(🏃)을 클릭합니다.

25 마우스 커서를 작업 화면 왼쪽에 가져간 후 'Weather' 아이콘(☀)을 클릭합니다. Weather 관련 인터페이스가 표시되면 구름의 양을 조절하기 위해 화면 아래쪽 Bar를 드래그하여 '0.7'로 설정합니다.

26 작업 창에서 Photo-1의 시점으로 현재 화면을 이동해 보겠습니다. Shift+1 키를 누릅니다.

27 Shift+2 키를 눌러 Photo-2 시점으로 이동합니다. Shift+3 키를 누르면 Photo-3 시점으로 이동할 수 있습니다.
다시 'Photo' 아이콘(📷)을 클릭합니다.

28 작업한 화면을 이미지로 저장하기 위해 'Render Photos' 아이콘(🖼)을 클릭합니다.

29 [Photo Set] 탭을 클릭하고, 이미지 크기 옵션에서 'Desktop'을 선택합니다.

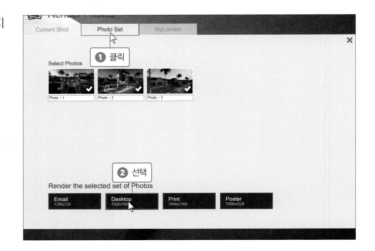

30　　　[다른 이름으로 저장] 대화상자가 표
시되면 이미지 저장 경로를 바탕화면으로 지
정하고, 파일 이름에 'Photo'를 입력한 다음
〈저장〉 버튼을 클릭합니다.

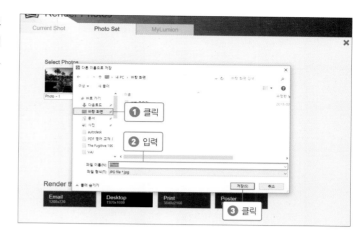

31　　　출력된 이미지를 확인합니다.

 CHAPTER

009   Movie 활용하기

기본 동영상 제작 방법을 알아본 다음 외부 이미지, 영상(MP4 파일 형식)과 Scene의 제작 영상을 유기적으로 활용하는 방법을 정리해보도록 하겠습니다. Effect와 관련된 상세 설명은 다음 섹션에서 다루겠습니다.

1 기본 동영상 제작하기 |예제 및 결과 파일| Part_2\Movie\Movie_test.ls8, Movie_test(결과).ls8

원하는 장면과 장면을 선택하여 영상을 만드는 방식으로 기본 동선을 만들고, 영상에 필요한 기본 Effect 적용 방법을 알아보겠습니다.

01 실습에 필요한 예제 파일을 불러오기 위해 시작 화면의 [Load scene] 탭에서 'Load scene file from disk'를 선택합니다. [열기] 대화상자가 표시되면 Part_2 폴더 내부의 Movie 폴더에서 'Movie_test.ls8' 파일을 선택하고 〈열기〉 버튼을 클릭합니다.

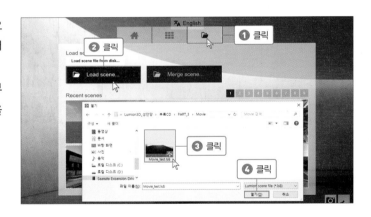

02 그림과 같이 Scene이 표시되면 'Movie' 아이콘(🎬)을 클릭합니다.

03 동영상 창이 표시되면 첫 번째 Scene을 선택한 후 'Record' 아이콘()을 클릭합니다. 이제 카메라의 움직임을 담은 키 프레임을 만들어 보겠습니다.

04 Record 창에서 화면을 드래그하여 사거리 가운데에 있는 건물 오브젝트를 중심으로 시점을 이동합니다.

'Set eye level at 1.60' 아이콘(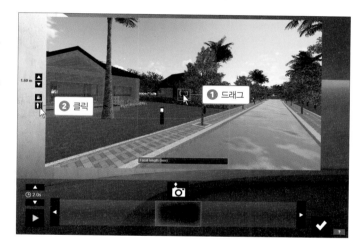)을 클릭하여 눈높이를 1.60m로 만듭니다.

05 시점의 높이가 지평선과 수평을 이루도록 'Horizontal eye level' 아이콘()을 클릭합니다. 'Take Photo' 아이콘()을 클릭하여 키프레임을 만듭니다.

06 다음 View로 이동하고, 이전에 만든 키프레임과 동일한 눈높이를 유지하기 위해 'Set eye level at 1.60' 아이콘(🔆)을 클릭합니다.

07 'Horizontal eye level' 아이콘(🔲)을 클릭하여 시점의 높이를 맞추고 'Take Photo' 아이콘(📷)을 클릭하여 키프레임을 만듭니다.

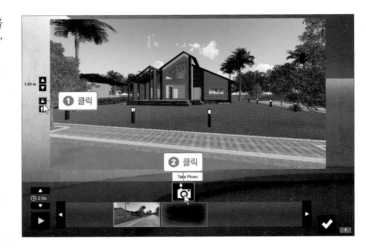

08 다음 View로 이동하고, 같은 방법으로 키프레임을 만듭니다.

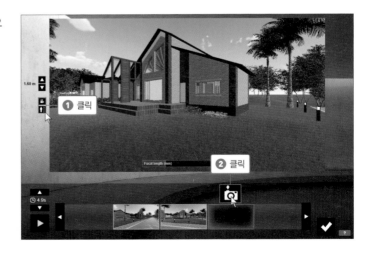

09 현재 위치에서 카메라 렌즈의 Focal length를 '12'로 설정합니다. 'Take Photo' 아이콘(📷)을 클릭하여 변경된 View를 저장합니다.

10 'Play' 아이콘(▶)을 클릭하면 세 개의 클립을 경유하는 동영상을 확인할 수 있습니다. 재생 중간에 나무 오브젝트와 카메라 사이에 간섭이 생기는 부분을 확인합니다.

········TIP········
'Play' 아이콘(▶)의 윗부분에 표시된 숫자는 전체 동영상의 재생 시간을 의미합니다.
·······································

11 Time Bar에서 마우스 클릭 후 드래그로 문제의 장면으로 이동한 다음, 나무 오브젝트를 제거하기 위해 'Build' 아이콘(🏃)을 클릭합니다.

12 Objects → Nature → Trash Object를 클릭하고, 그림과 같이 나무 오브젝트를 클릭합니다. 나무가 사라지면 'Movie' 아이콘(▤)을 클릭하여 Movie 창으로 이동합니다.

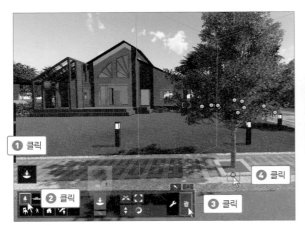

13 Movie 창이 열리면 효과를 적용하기 위해 'Add Effect(FX)' 아이콘(🅵🆇)을 클릭합니다.

14 Select Clip Effect 창이 표시되면 [Light and Shadow] 탭을 클릭하고 'Sun'을 더블클릭하여 선택합니다.

15 Sun 창에서 Sun heading을 '0.1'로 설정하여 태양이 건물 오브젝트 앞에 오도록 조절하고, 'Add Effect(FX)' 아이콘(FX)을 클릭합니다.

16 Select Clip Effect창이 표시되면 [Color] 탭을 클릭하고 'Fade In/Out'을 더블클릭하여 선택합니다.

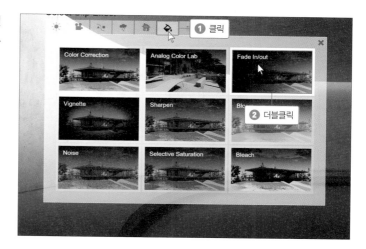

17 Fade In/Out 창에서 Black Blur를 선택하여 영상의 시작과 끝에 어둡고, 흐림 효과를 적용합니다.

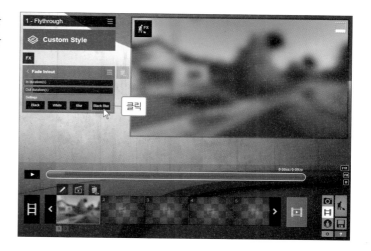

2 시작과 끝 화면 설정하기 |예제 및 결과 파일| Part_2\Movie\Open.jpg, End.jpg, Test3_1.mp4, Lumion Movie.mp4

루미온 환경에서 영상과 이미지를 활용하여 화면의 시작과 끝에 생성과 소멸을 표현하고, 중간에
동영상을 추가하는 영상 편집 기능에 대해 알아보겠습니다.

01 이전 실습에서 이어서 진행합니다. 동
영상 창을 열고, 2번 클립을 선택한 다음 실습
에 필요한 예제 파일을 불러오기 위해 'Image
from file..' 아이콘(🖼)을 클릭합니다.
[열기] 대화상자가 표시되면 Part_2 폴더 내부
의 Movie 폴더에서 'Open.jpg' 파일을 선택하
고 〈열기〉 버튼을 클릭합니다.

02 Image from file 창이 열리면 화면
아래쪽에서 Duration in seconds를 3초로 설
정하고 'Back' 아이콘(✔)을 클릭합니다.

03 앞서 만들어 놓은 영상과 현재 클립
의 순서를 바꾸기 위해 2번 클립을 클릭 후 드
래그하여 1번 클립 앞으로 이동합니다.

04 바뀐 1번 클립 창을 선택하고, 효과를 적용하기 위해 'Add Effect(FX)' 아이콘(FX)을 클릭합니다.

05 Select Clip Effect 창이 표시되면 [Color] 탭을 클릭하고 'Fade In/Out'을 더블 클릭하여 선택합니다.

06 'Play' 아이콘(▶)을 클릭하면 검정색 화면에서 시작해 이미지가 나오고, 다시 검정색 화면으로 이미지가 사라지는 것을 확인할 수 있습니다.

07 3번 클립을 선택합니다. 실습에 필요한 예제 파일을 불러오기 위해 'Movie from file..' 아이콘(▨)을 클릭합니다.

[열기] 대화상자가 표시되면 Part_2 폴더 내부의 Movie 폴더에서 'Test3_1.MP4' 파일을 선택하고 〈열기〉 버튼을 클릭합니다.

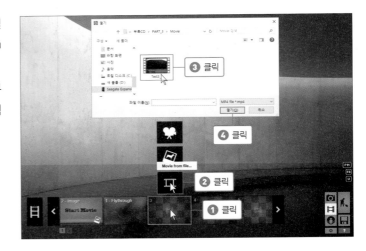

08 영상이 표시되면 'Back' 아이콘(☑)을 클릭하고, 효과를 적용하기 위해 'Add Effect(FX)' 아이콘(▣)을 클릭합니다.

09 Select Clip Effect 창이 표시되면 [Color] 탭을 클릭하고 'Fade In/Out'을 더블 클릭하여 선택합니다.

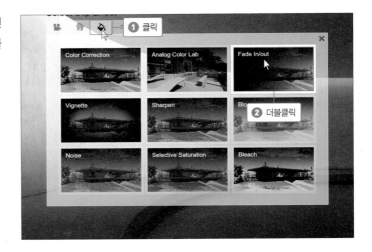

10 'Play' 아이콘(▶)을 클릭합니다. 영상의 시작과 끝에 Fade In/out 효과가 적용된 것을 확인할 수 있습니다.

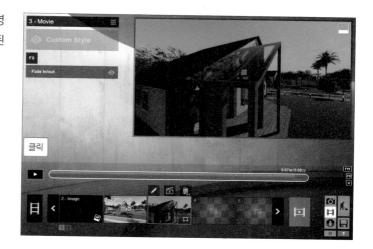

11 4번 클립을 선택합니다. 실습에 필요한 예제 파일을 불러오기 위해 'Image from file..' 아이콘(🖼)을 클릭합니다.
[열기] 대화상자가 표시되면 Part_2 폴더 내부의 Movie 폴더에서 'End.jpg' 파일을 선택하고 〈열기〉 버튼을 클릭합니다.

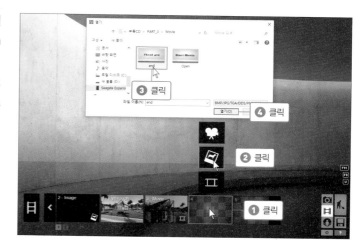

12 Image from file 창이 열리면 화면 아래쪽에서 Duration in seconds를 3초로 설정하고, 'Back' 아이콘(✔)을 클릭합니다.

13 같은 방법으로 'Add Effect (FX)' 아이콘(FX)을 클릭하여 Select Clip Effect 창을 표시하고, [Color] 탭에서 'Fade In/Out'을 더블클릭하여 선택합니다.

14 Fade In/out 창에서 Blur 효과를 선택하여 적용합니다.

15 'Enter Movie' 아이콘(目)을 클릭하고, 동영상 파일을 만들기 위해 'Render Movie' 아이콘(回)을 클릭합니다.

16 Render Movie 창이 열리면 최종 영상의 크기를 'Full HD'로 지정하고 렌더링합니다.

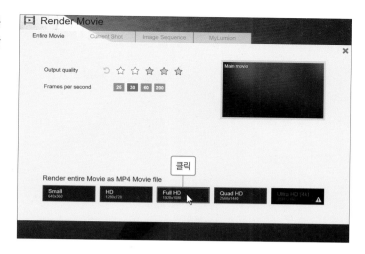

17 [다른 이름으로 저장] 대화상자가 표시되면 저장 경로를 바탕화면으로 지정하고, 파일 이름에 'Lumion Movie'를 입력합니다. 〈저장〉 버튼을 클릭하면 렌더링이 진행됩니다.

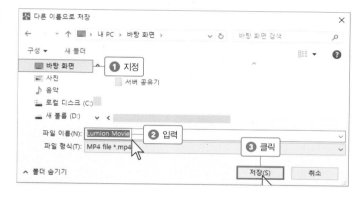

18 렌더링 진행 과정을 확인합니다.

Movie Add Effect 적용하기

Movie effect는 영상과 이미지에 색상 또는
물체 간 애니메이션 등을 적용하는 기능으로,
영상 결과물에 사실감을 더하며, 간단한
영상 편집은 이 기능만으로도 구현할 수 있습니다.

Movie effect 기능을 어떻게 활용하느냐에 따라
전문가와 비전문가로 구분하기도 합니다.
영상으로 만든 결과물에 Movie effect를
적용하는 방법을 알아봅니다.

 CHAPTER

OO I Light and Shadow Effect 적용하기

Light and Shadow는 이미지 또는 동영상 제작에 사용 가능한 효과로, Sun/Light 등의 조명 효과와 유리와 거울 등에 사용되는 반사 효과를 사실적으로 구현할 수 있습니다.

1 태양 효과 적용하기

|예제 및 결과 파일| Part_3\4_1.ls8, 4_1(결과).ls8

영상 필터에서 태양의 고도 및 밝기를 조절할 수 있는 기능으로, 낮과 밤 설정이 가능하며 영상 필터에서 건축물의 입체감 표현에 중요한 역할을 합니다.

01 루미온을 실행합니다. 실습에 필요한 예제 파일을 불러오기 위해 루미온 시작 화면의 [Load scene] 탭에서 'Load scene file from disk'를 선택합니다.

[열기] 대화상자가 표시되면 Part_3 폴더의 '4_1.ls8' 파일을 선택하고 〈열기〉 버튼을 클릭합니다.

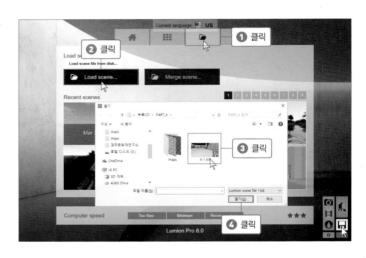

02 그림과 같이 Scene이 표시되면 'Movie' 아이콘(▦)을 클릭합니다.

03 동영상 창이 표시되면 첫 번째 Scene을 선택한 후 'Record' 아이콘(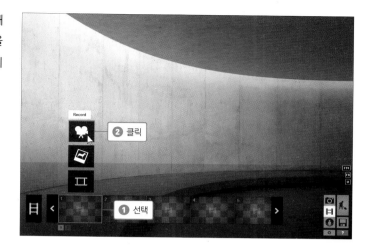)을 클릭합니다. 이제 카메라의 움직임을 담은 키 프레임을 만들어 보겠습니다.

04 Record 창에서 'Take Photo' 아이콘()을 클릭하여 키프레임을 만듭니다.

05 그림과 같이 그랜드 피아노가 위치한 방을 바라보도록 시점을 이동하고, 'Take Photo' 아이콘()을 클릭하여 키프레임을 만듭니다.

06 실내 풀장을 중심으로 View를 이동합니다. 'Take Photo' 아이콘(📷)을 클릭하여 키프레임을 만들고, 'Back' 아이콘(✔)을 클릭하여 Movie Clip 창으로 이동합니다.

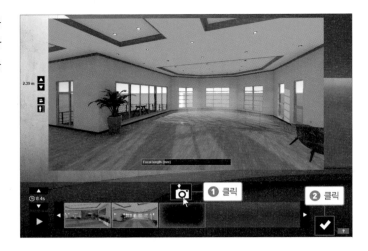

07 'Play' 아이콘(▶)을 클릭하여 동영상이 제대로 재생되는지 확인합니다. 효과를 적용하기 위해 'Add Effect(FX)' 아이콘(FX)을 클릭합니다.

08 Select Clip Effect 창이 표시되면 [Light and Shadow] 탭을 클릭하고 'Sun'을 더블클릭하여 선택합니다.

····TIP····

Sun Effect는 제작하는 Scene에 태양 효과를 적용하고 조정하는 기능입니다.

09 화면 아랫부분에서 Time Bar를 그림과 같이 끝 지점으로 드래그하여 이동합니다. Sun 창에서 Sun height를 '0.1', Sun heading을 '0.4'로 설정합니다.

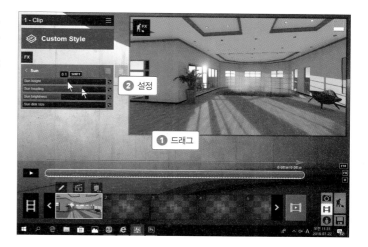

10 Sun brightness를 '1.0', Sun disk size를 '0.3'으로 설정하여 태양의 밝기와 크기를 조절합니다.

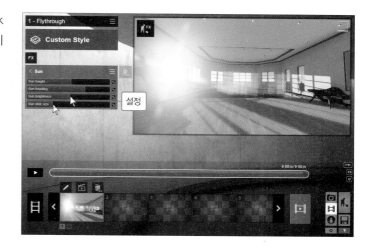

····TIP····

Sun Effect Option

① Sun height : 태양의 고도를 설정합니다.
② Sun heading : 태양의 방위(동서남북)의 위치를 설정합니다.
③ Sun brightness : 태양의 밝기를 설정합니다.
④ Sun disk size : 화면에서 보이는 태양의 크기를 설정합니다.

2 그림자 효과 적용하기

태양 효과와 같이 사용하는 경우가 많으며, 태양과 조명 등의 그림자를 조절할 수 있습니다. 건물 외부 조명과 실내 조명에 따라 설정 값을 다르게 설정해야 합니다.

1 | Shadow Effect 알아보기

현재 Scene에 적용된 그림자의 밝기, 선명도, 생성 범위 등을 조절하는 기능입니다.

···TIP···

잔디에 Fine Detail Shadows 옵션을 적용할 경우, 'Off' 상태에서는 잔디 면에만 그림자가 생성됩니다. 'On' 상태에서는 잔디 면뿐만 아니라, 잔디 하나하나의 그림자도 생성됩니다.

① **Sun Shadow Range** : 태양에 의해 만들어지는 그림자의 범위를 설정합니다. 설정 값이 크면 그림자가 멀리까지 만들어지지만, 선명도는 낮아집니다.

② **Coloring** : 그림자 색상을 지정합니다. 0으로 설정하면 검은색, 3.0으로 설정하면 하늘색을 나타냅니다. 새벽녘의 조명 효과 등을 표현할 때 사용합니다.

③ **Brightness** : 그림자의 밝기를 설정합니다. 0으로 설정하면 어두움, 1로 설정하면 밝음을 나타냅니다.

④ **Interior/Exterior** : 실내 그림자와 실외 그림자 표현 방식을 선택합니다. 0으로 설정하면 실내, 1로 설정하면 실외 그림자 방식을 나타냅니다.

⑤ **omni shadow** : Scene 모서리 부분에 그림자 처리를 추가함으로써 공간의 입체감을 살려 줍니다. Normal map(bump)이 선명해지는 효과가 있습니다.

⑥ **Shadow Correction** : 그림자 반대쪽 빛이 닿는 부분의 밝기를 미세하게 설정합니다.

⑦ **Shadow Type** : 그림자 유형을 지정합니다.

ⓐ Normal : 일반 기본 그림자
ⓑ Sharp : Small, HD, Full HD, Quad HD 등에 선명한 그림자
ⓒ Ultra Sharp : Ultra HD(4K) 영상 제작 시 선명한 그림자

⑧ **Soft Shadows** : 그림자 경계를 흐릿하게 표현하여 자연스럽게 만듭니다.

⑨ **Fine Detail Shadows** : 나뭇잎, 잔디 등의 그림자를 상세하게 표현합니다.

2 | 그림자 적용하기

01 'Add Effect (FX)' 아이콘(Fx)을 클릭하여 Select Clip Effect 창을 표시합니다. [Light and Shadow] 탭을 클릭하고 'Shadow'을 더블클릭하여 선택합니다.

02 화면 아래쪽에서 Time Bar를 드래그하여 피아노 방으로 시점을 이동합니다 Shadow 창에서 Coloring을 '1.2', Brightness를 '0.1'로 설정합니다.

03 Interior/Exterior를 '0.6', Shadow Type을 'Sharp', Fine Detail Shadows를 'On' 상태로 설정합니다.

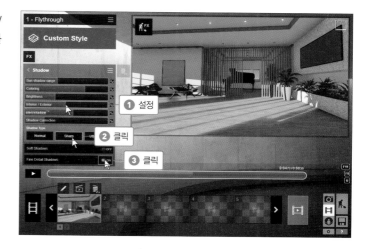

3 반사 효과 적용하기

기본 조명과 Hyperlight effect에 대해 알아봅니다. Hyperlight effect는 이미지 제작 시 유용한 기능으로, 빛의 반사광을 표현할 때 사용합니다.

01 'Add Effect (FX)' 아이콘(▣)을 클릭하여 Select Clip Effect 창을 표시합니다. [Light and Shadow] 탭을 클릭하고 'Reflection'을 더블클릭하여 선택합니다.

···· TIP ····

Reflection effect는 렌더링 시 사물의 직접적인 반사를 만들어 주는 기능입니다.

02 Reflection 효과를 높이기 위해 바닥 재질을 어둡게 만들겠습니다. 'Build' 아이콘(🚶)을 클릭합니다.

···· TIP ···

Reflection Option

① Edit : Reflection 효과의 적용 대상을 선택합니다. Standard, Glass 등의 재질이 적용된 오브젝트만 선택 가능합니다.
② Flicker Reduction : 반사 이미지 위에 추가로 Blur 효과를 적용합니다. 설정 값이 클수록 반사가 흐려집니다.
③ Reflection threshold : Reflection Control에서 반사 이미지를 계산하는 시작 위치를 설정합니다. 실내일 경우 1.5~4.5, 실외일 경우 5~25 정도로 설정합니다.
④ Preview Quality : 미리 보기 품질을 설정합니다. Low, Normal, Hight 세 등급이 있으며, 렌더링 결과물은 모두 같습니다.
⑤ speedray Reflections : Reflection Control을 기준으로 반사 효과를 계산한 후 실시간 반영합니다.

03 'Materials' 아이콘(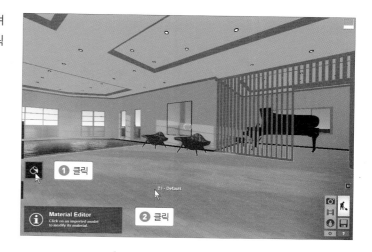)을 클릭하여
활성화한 다음, 그림과 같이 바닥 재질을 클릭
하여 선택합니다.

04 Material 창이 표시되면 Colori
zation을 '0.6'으로 설정하고, 그림과 같이 어
두운 회색으로 지정합니다. 'Save' 아이콘(✔)
을 클릭하여 저장합니다.

05 Objects → Effect → Select Object
를 클릭합니다. 화면에 스모그 효과를 나타내
는 두 개의 Pivot이 생성됩니다.

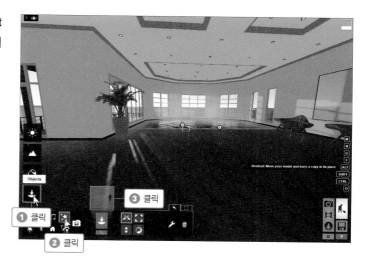

06 'Move Object' 아이콘()을 클릭하여 활성화하고, Ctrl 키를 누른 채 두 개의 Pivot을 선택합니다.

Layer 창에서 4번 Layer를 선택하고, 'Move Selection to Layer' 아이콘(↑)을 클릭하여 스모그 효과를 넣어 줍니다.

07 4번 Layer의 눈 아이콘을 클릭하여 숨겨 줍니다. 'Movie' 아이콘(▤)을 클릭합니다.

08 Reflection 창에서 'Edit' 아이콘(✎)을 클릭합니다.

09 Reflection 효과가 적용될 재질을 선택하기 위해 'Add Plane' 아이콘(➕)을 클릭하여 활성화하고, 그림과 같이 바닥 재질을 선택합니다.

10 다시 'Add Plane' 아이콘(➕)을 클릭한 다음 실내 풀장의 물 재질을 선택합니다.

11 같은 방법으로 Add Plane 기능이 활성화된 상태에서 전면의 유리면도 순차적으로 선택합니다.

12 출입문에 적용된 반사 효과를 제거
하겠습니다. Reflection List의 8번에 마우스
커서를 위치시킵니다. 그림과 같이 Reflection
효과가 적용된 오브젝트가 녹색으로 표시되면
클릭하여 효과를 취소합니다.

13 출입문에 Reflection 효과가 제거된 것
을 확인하고, 'Back' 아이콘(✔)을 클릭합니다.

14 Reflection 창의 Preview Quality
에서 'High'를 선택합니다. 작업 화면에서 바닥
반사가 선명하게 나오는 것을 확인할 수 있습
니다.

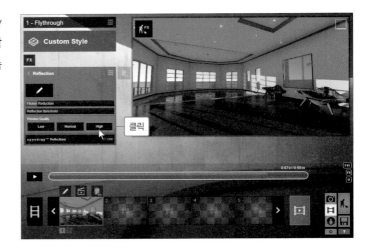

15 Flicker Reduction을 '100'으로 설정합니다. 반면 위에 Blur 효과가 다시 한 번 적용되면서 반사 이미지가 흐려지는 것을 확인할 수 있습니다.

16 Flicker Reduction을 '0', Reflection threshold을 '25cm'로 설정합니다. 반사의 길이를 줄이고, 액자의 유리 반사가 표시되지 않습니다.

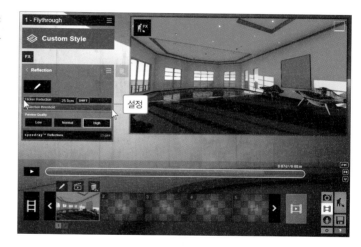

17 Reflection threshold을 '2.6cm'로 설정하고, Speedray Reflection을 'On' 상태로 활성화합니다.

4 대기, 태양의 조명 효과 적용하기

태양광 또는 Light 등의 조명에서 만들어진 빛의 반사광을 연산하여 건물의 내/외부에 빛을 연출해 주는 기능으로, 사실적인 이미지를 연출할 수 있습니다.

1 | Sky Light effect 알아보기

대기의 조명 효과를 나타내는 기능입니다. 조명의 밝기와 채도 등을 조절할 수 있습니다.

① **Brightness** : 대기 조명의 밝기를 설정합니다. 파란색의 대기 조명의 강도를 나타냅니다.

② **Saturation** : 대기 조명의 채도를 설정합니다. Amount 값이 0이면 원색, Amount 값이 2이면 파란색 대기 조명을 강조합니다.

③ **Sky Light in Planar Reflections(On/Off)** : Movie Effect Reflect에 Sky Light 반사를 적용합니다.

④ **Sky Light in Projected Reflection(On/Off)** : Scene 재질 중 반사에 Sky Light 효과를 적용합니다.

⑤ **Render Quality** : 산출물의 품질을 설정합니다. 'Normal'은 일반, 'High'는 고품질을 나타냅니다.

2 | Hyperlight 알아보기

태양, Light 등의 빛에 반사광을 만드는 기능입니다. 렌더링을 수행해야 볼 수 있습니다.

〈 Hyperlight 미적용 〉

〈 Hyperlight 적용 〉

3 | 대기와 태양 조명 설정하기

01 'Add Effect (FX)' 아이콘(FX)을 클릭하여 Select Clip Effect 창을 표시합니다. [Light and Shadow] 탭을 클릭하고 'Hyperlight'을 더블클릭하여 선택합니다.

02 'Build' 아이콘(🏃)을 클릭합니다.

03 'Object' 아이콘(⬇)을 클릭합니다. Layer 창에서 2번 Layer를 선택한 다음, 눈 아이콘을 클릭합니다.

04 숨어 있던 조명이 나타나는 것을 확인할 수 있습니다. 'Materials' 아이콘(◉)을 클릭하여 활성화한 다음, 그림과 같이 바닥 재질을 클릭하여 선택합니다.

05 Colorization을 '0.3', Gloss를 '1.8', Reflectivity를 '1.7'로 설정합니다. 'Save' 아이콘(✔)을 클릭하여 변경된 사항을 저장합니다.

06 'Movie' 아이콘(▤)을 클릭하여 이동한 다음, Hyperlight Amount를 '20.4'로 설정합니다. 동영상 파일을 만들기 위해 'Render Movie' 아이콘(▣)을 클릭합니다.

07 Render Movie 창이 표시되면 [Image Sequence] 탭을 클릭합니다. Frame Range을 'KeyFrames', 영상의 크기를 'HD'로 지정합니다.

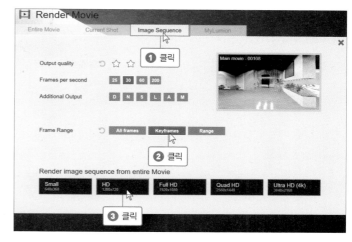

·····TIP·····

이 과정은 렌더링을 수행하기 전, 키프레임 이미지로 결과물을 미리 확인하는 과정입니다.

08 [다른 이름으로 저장] 대화상자가 표시되면 저장 경로를 바탕화면의 Test 폴더로 지정하고, 파일 이름을 입력한 다음 〈저장〉 버튼을 클릭합니다. 이때, Test 폴더는 미리 만들어 둡니다.

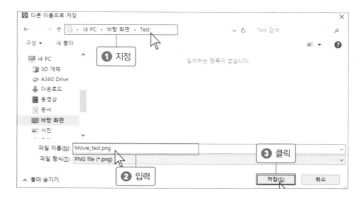

09 앞서 만들어 놓은 세 개의 키프레임을 이미지 형태로 저장합니다.

10   〈Open folder〉 버튼을 클릭하여 저장된 이미지를 확인합니다.

11   다음 화면에서 〈OK〉 버튼을 클릭합니다.

12   영상을 렌더링하기 전에 키프레임 이미지로 미리 결과물을 확인하기 위해 'Photo' 아이콘()을 클릭합니다.

13 'Store Camera' 아이콘(📷)를 클릭하고 'Add Effect (FX)' 아이콘(FX)을 클릭합니다.

14 Select Clip Effect 창이 표시되면 [Light and Shadow] 탭을 클릭하고 'Hyperlight'을 더블클릭하여 선택합니다.

15 작업한 화면을 이미지로 저장하기 위해 'Render Photos' 아이콘(🖼)을 클릭합니다.

16 [Current Shot] 탭을 클릭하고, 이미지 크기 옵션에서 'Desktop'을 선택합니다. [다른 이름으로 저장] 대화상자가 표시되면 파일 저장 경로를 바탕화면의 Test 폴더로 지정하고, 파일 이름에 'Image.png'을 입력한 다음 〈저장〉 버튼을 클릭합니다.

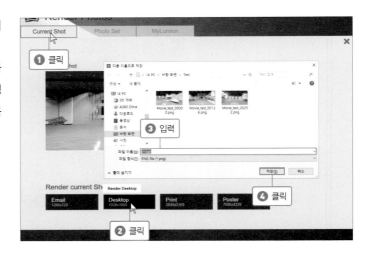

17 완성된 이미지를 확인하고, 문제가 없으면 〈OK〉 버튼을 클릭합니다.

·····TIP·····

Hyperlight는 이미지 제작에 최적화된 기능이며, 같은 느낌으로 동영상 제작 시에는 Global Illumination 기능을 사용합니다.

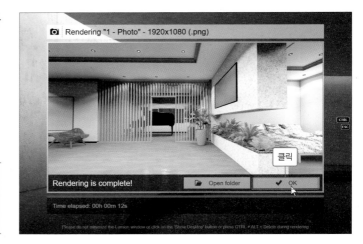

18 'Movie' 아이콘(▤)을 클릭한 다음, 적용된 Hyperlight Effect를 제거하기 위해 'Disable Effect' 아이콘(∅)을 눌러 비활성화합니다.

5 GI(Global Illumination) 적용하기

화면에 만들어진 Sun, Light 등의 조명에서 만들어진 반사광에 대한 연산을 하는 기능으로, 건물의 내/외부에 빛을 연출해 줍니다. GI은 Hyperlight와 달리 조명을 선택적으로 적용할 수 있습니다.

01 'Add Effect (FX)' 아이콘(FX)을 클릭하여 Select Clip Effect 창을 표시합니다. [Light and Shadow] 탭을 클릭하고 'Global Illumination'을 더블클릭하여 선택합니다.

02 GI 효과와 그림자를 미리 보기 위해, Preview Sportlight GI and Shadow를 'On' 상태로 활성화하고, 'Select light edit' 아이콘(💡)을 클릭합니다.

····TIP····

GI(Global Illumination) Option

① Select light : GI 반사광을 연산할 조명을 선택합니다.
② Sun amount(0~5000) : 태양의 반사광에 대한 강도를 설정합니다.
③ Falloff Speed(0~5000) : 광원으로부터 GI 생성 영역을 설정합니다. 0으로 설정할 경우 강하고 넓은 영역이 생성되고, 5000으로 설정할 경우 GI이 생성되지 않습니다.
④ Reduce Sport(0~5) : Scene에 생성된 Sport Light의 GI 적용 거리 값을 설정합니다.
⑤ Sun max effect distance(0~5000) : 태양의 GI 적용 거리 값을 설정합니다.
⑥ Preview Spotlight GI and Shadow(on/off) : GI 효과와 그림자를 미리 보기 합니다.

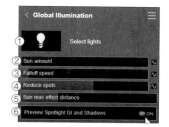

03 화면 아래에 표시된 Sportlight GI 창에서 amount를 '10'으로 설정하고, 그림과 같이 생성된 조명을 클릭하여 GI 생성 Light로 만듭니다.

04 같은 방법으로 현재 Scene에서 모든 조명을 클릭하여 Light를 활성합니다. 전체가 아닌, 각각의 방을 중심으로 특정 조명만 활성화해도 좋습니다. 작업을 마치면 'Back' 아이콘(✔)을 클릭합니다.

05 동영상 파일을 만들기 위해 'Render Movie' 아이콘(▣)을 클릭하고, 키프레임을 렌더링한 이미지를 확인합니다.

····TIP····

GI Light가 많아지면 렌더링 속도가 급격히 저하됩니다.

6 태양 표현하기

Sun Study Effect는 생성할 건물 오브젝트가 지적도 상의 정확한 위치에서 날짜와 시간에 따른 일조량을 알아보기 위해 사용하는 기능입니다. 이 기능을 사용해서 태양 빛을 표현하면 정확하고 사실감 있는 이미지를 연출할 수 있습니다.

01 'Movie' 아이콘(▤)을 클릭하여 Movie 창으로 이동하고, 두 번째 Scene을 선택합니다. 카메라의 움직임을 담은 키프레임을 만들기 위해 'Record' 아이콘(🎬)을 클릭합니다.

02 실내 View에서 발코니를 바라보도록 시점을 이동하고, 'Take Photo' 아이콘(📷)을 클릭하여 키프레임을 만듭니다.

03 위치는 이동하지 않고, 시점만 왼쪽으로 이동합니다. 'Take Photo' 아이콘(📷)을 클릭하여 키프레임을 만들고, 'Back' 아이콘(✔)을 클릭하여 Movie Clip 창으로 이동합니다.

04 ‘Add Effect (FX)’ 아이콘(FX)을 클릭하여 Select Clip Effect 창을 표시합니다. [Light and Shadow] 탭을 클릭하고 ‘Sun Study’을 더블클릭하여 선택합니다.

TIP

Sun Study는 태양의 위도와 경도, 연월일시 분으로 건물이 생성될 현황에 맞는 태양의 표현하는 기능입니다.

05 Sun Study 창에서 세부 항목을 설정하기 위해 ‘Edit’ 아이콘(✎)을 클릭합니다.

TIP

Sun Study Option

① Edit : 지구에 건물이 위치할 지점을 클릭하여 선택합니다.
② Hour : 태양의 시간에 따른 위치를 설정합니다.
③ Minute : 태양의 분 단위 위치를 설정합니다.
④ Day : 태양의 일 단위 위치를 설정합니다.
⑤ Month : 태양의 월 단위 위치를 설정합니다.
⑥ Year : 태양의 년 단위 위치를 설정합니다.
⑦ Timezone : 표준 시간대(24 구역)에 따른 태양의 위치를 설정합니다.
⑧ Daylight saving : 서머타임(Summer Time) 적용에 따른 태양의 위치를 설정합니다.
⑨ Latitude : 위도에 따른 태양의 위치를 설정합니다. 적도를 중심으로 90N°은 북쪽, 90S°은 남쪽을 나타냅니다.
⑩ Longitude : 경도에 따른 태양의 위치를 설정합니다. 영국 그리니치 천문대를 지나는 본초 자오선을 기준으로 삼아 동서방향으로 180°씩 돌아가면서 좌표를 설정합니다.
⑪ North offset : 제작된 건물의 북쪽 방향을 설정합니다.

06 그림과 같이 지구가 표시되면 지구면에 마우스 커서를 위치하고, 마우스 왼쪽 버튼을 눌러 돌리면서 대한민국에 마우스 커서를 위치합니다.

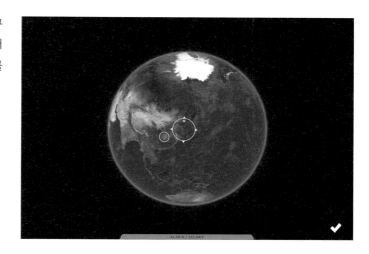

07 마우스의 휠을 돌려 주면, 줌인 또는 줌아웃할 수 있습니다. 그림과 같이 한반도를 확대합니다. 위치가 확정되면 클릭하여 위치를 지정한 다음 'Back' 아이콘(✔)을 클릭합니다.

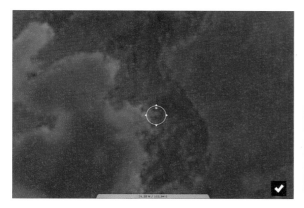
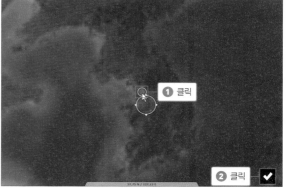

08 2018년 4월 10일 오후1시 30분을 기준으로 설정하면 위도와 경도가 Edit에서 선택한 지점으로 변경된 것을 확인할 수 있습니다.

7 안개 낀 배경 만들기

태양의 빛을 중심으로 안개 조명 효과를 생성하는 기능으로, 대기의 안개와 같은 효과를 만들어
줍니다. 건축물을 생성한 후 뒤쪽에 특별한 설계를 하지 않았을 때 자주 사용합니다.

01 'Add Effect (FX)' 아이콘(FX)을 클
릭하여 Select Clip Effect 창을 표시합니다.
[Light and Shadow] 탭을 클릭하고
'Volumetric Sunlight'을 더블클릭하여 선택
합니다.

02 Volumetric Sunlight 창에서
Range를 '0.5', Brightness를 '0.4'로 설정합
니다.

····TIP··

Volumetric Sunlight Option
① Brightness : 안개의 밝기를 설정합니다.
② Range(0~6) : 안개 생성 길이를 설정합니
다. 설정 값이 크면 안개의 길이는 길어지고
거리에 따른 안개의 농도는 약해집니다.
···

03 완성된 이미지를 확인합니다. 배경에
안개 효과가 적용됩니다.

8 배경에 달 추가하기

야경을 표현할 때 사용하며, 배경에 달을 표현해 주는 단순한 기능입니다.

01 'Back Effect' 아이콘(<)을 클릭하여
현재 Scene에 적용된 효과를 모두 제거합니다.

02 달이 잘 보이도록 태양의 고도를 내
려 어두운 하늘을 만들기 위해 Sun Study를
클릭합니다.

03 Sun Study 창에서 Hour를 '9'로 설
정하고 'Add Effect (FX)' 아이콘(FX)을 클릭
합니다.

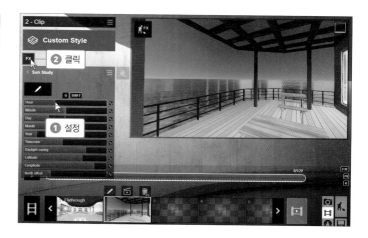

04 Select Clip Effect 창이 표시되면 [Light and Shadow] 탭을 클릭하고 'Moon'을 더블클릭하여 선택합니다.

····TIP····

Moon Effect는 현재 Scene에 달을 생성하는 기능입니다.

05 배경에 달이 표시됩니다. Moon 창에서 Moon height를 '0', Moon heading을 '0.4', Moon size를 '13'으로 설정합니다.

····TIP····

Moon Option
① Moon height : 달의 고도를 설정합니다.
② Moon heading : 달의 동서남북 방위의 위치를 설정합니다.
③ Moon Size: 달의 크기를 설정합니다.

06 완성된 이미지를 확인합니다.

CHAPTER

002 사실적인 Camera Effect 설정하기

Camera에 적용되는 Movie Effect에서는 색상을 보정하거나 화각, 카메라 속도 등을 설정합니다. 이 효과를 적용하면 사실적인 영상을 만들 수 있습니다.

1 핸드 카메라 효과 적용하기

|예제 및 결과 파일| Part_3\Exterior.ls8, Handheld Camera.mp4

핸드 카메라 효과를 만드는 기능으로, 영상에 카메라에서 줄 수 있는 효과들을 적용합니다. 사람이 직접 카메라를 들고 촬영하는 느낌을 표현하고, 카메라 노출과 앵글 등을 설정할 수 있습니다.

01 루미온을 실행합니다. 실습에 필요한 예제 파일을 불러오기 위해 루미온 시작 화면의 [Load scene] 탭에서 'Load scene file from disk'를 선택합니다.

[열기] 대화상자가 표시되면 Part_3 폴더의 'Exterior.ls8' 파일을 선택하고 〈열기〉 버튼을 클릭합니다.

02 그림과 같이 Scene이 표시되면 영상을 만들기 위해 'Movie' 아이콘(▉)을 클릭합니다.

03 Movie 창이 표시되면 첫 번째 Scene을 선택한 후 'Record' 아이콘(🎥)을 클릭합니다.

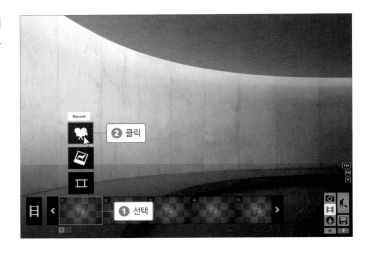

04 그림과 같이 건물이 화면 가운데에 배치되도록 View를 이동하고, 'Take Photo' 아이콘(📷)을 클릭하여 키프레임을 만듭니다. 같은 방법으로 View를 이동한 후 'Take Photo' 아이콘(📷)을 클릭합니다.

05 사거리를 지나 건물 오브젝트의 뒤쪽 모습을 볼 수 있도록 View를 이동합니다. 'Take Photo' 아이콘(📷)을 클릭하여 키프레임을 만들고, 'Back' 아이콘(✔)을 클릭하여 Movie Clip 창으로 이동합니다.

06 Movie effect창에서 'Add Effect (FX)' 아이콘(**FX**)을 클릭하여 Select Clip Effect 창을 표시합니다.
[Camera] 탭을 클릭하고 'Handheld Camera'를 더블클릭하여 선택합니다.

07 Handheld Camera 창에서 Shake strength(카메라 손 떨림)를 '0.5', Film Age (오래된 필름 효과)를 '0.7'로 설정합니다.

···TIP···

Handheld Camera Option

① Shake Strength : 손 떨림의 강약(상하 좌우로 흔들림)을 설정합니다.

② Film Age : 오래된 필름 효과를 설정합니다. 설정 값이 크면 주변이 어두워지고, 중간 중간에 노이즈가 표현됩니다.

③ Radial Gradient On/Off : 카메라 렌즈의 원형 그래디언트 효과를 설정합니다. 0.6~1.0으로 설정하면 On 상태, 0~0.5으로 설정하면 Off 상태를 나타냅니다.

④ Radial Gradient Amount(0~1.0) : 카메라 렌즈의 원형 그래디언트 강약을 설정합니다. 원형 밖에서부터 파랑, 노색, 노랑으로 그래디언트가 생성됩니다.

⑤ Radial Saturation(0~1.0) : 카메라 렌즈의 원형 그래디언트 채도 값을 설정합니다.

⑥ Tilt(−180°~180°) : 카메라 회전(경사)을 설정합니다. −180~0으로 설정하면 설정한 수치 값의 각도만큼 시계 방향으로 회전하고, 0~180으로 설정하면 반시계 방향으로 회전합니다.

⑦ Focal length : 카메라 초점 길이를 설정합니다.

⑧ Look at fixed point(On/Off) : 특정 지점으로 시점을 고정합니다. On 또는 Off 상태로 활성/비활성화할 수 있습니다.

⑨ Edit Look at Point : 시점 고정을 위한 지점을 선택합니다.

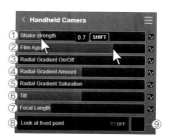

08 Radial Gradient On/Off를 '0.5', Radial Gradient Amount를 '0.9'로 설정합니다. 더 선명해진 Radial Gradient를 확인할 수 있습니다.

09 Radial Gradient에 색조를 더하기 위해 Radial Gradient Saturation를 '0.3'으로 설정합니다.

10 카메라의 중심을 기준으로 시계 방향으로 35° 회전하기 위해 Tilt를 '−35'로 설정합니다.

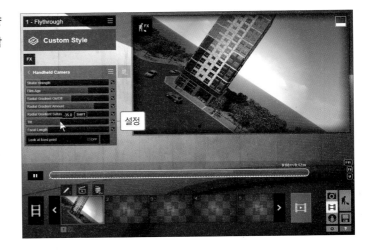

11 그림과 같이 Time Bar를 드래그하여 이동하고, Tilt 옵션 오른쪽에 있는 'Create Keyframe' 아이콘(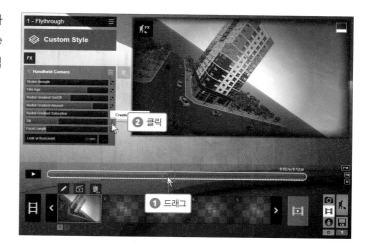)을 클릭하여 키프레임을 만듭니다.

12 Time Bar를 그림과 같이 드래그하여 이동하고, 다시 'Create Keyframe' 아이콘(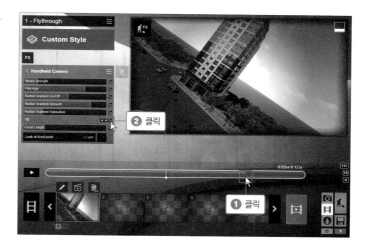)을 클릭하여 키프레임을 만듭니다.

13 Tilt를 '0'으로 설정합니다. 처음에 기울어진 건물이 이전 과정에서 만든 키프레임 구간에서 정상적으로 보이는 것을 확인할 수 있습니다.

14   Focal Length를 '22'로 설정합니다.
그림과 같이 건물을 확대해서 볼 수 있습니다.

15   Look at fixed point를 'On' 상태로
활성화하고, 'Edit Look At Point' 아이콘(⊙)
을 클릭합니다.

16   그림과 같이 4층의 유리창 중간 부분
을 클릭하고, 'Back' 아이콘(☑)을 클릭합니다.

17 렌더링으로 완성한 동영상을 완성하면 시점이 4층 유리에 고정된 것을 확인할 수 있습니다.

····TIP····

참고용으로 Part_3 폴더의 'Handheld Camera.mp4' 파일을 재생하여 확인합니다.

18 Handheld Camera 창으로 이동하고 'Back to Effect' 아이콘(◀)을 클릭합니다.

19 'Disable Effect' 아이콘(⌀)을 클릭하여 적용된 Handheld Camera Effect를 제거합니다.

2 카메라 노출 설정하기

카메라에서 받아들이는 빛의 강약을 설정하여, 결과물의 밝기를 조절해 주는 기능입니다.

01 'Add Effect (FX)' 아이콘(FX)을 클릭하여 Select Clip Effect 창을 표시합니다.
카메라 노출을 설정하기 위해 [Camera] 탭을 클릭하고 'Exposure'을 더블클릭하여 선택합니다.

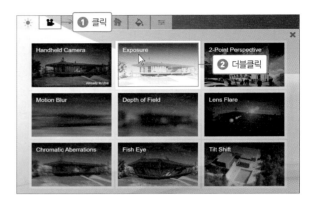

02 Exposure를 '0.7'로 설정합니다. 그림과 같이 전체적으로 이미지가 밝아지는 것을 확인할 수 있습니다.

····TIP····················

Exposure은 카메라의 노출을 조절하여 출력 이미지의 밝기를 설정합니다. 0부터 1.0까지 설정할 수 있습니다.

·······························

03 'Disable Effect' 아이콘(Ø)을 클릭하여 적용된 Exposure Effect를 제거합니다.

3 2점 투시 설정하기

결과물 이미지에 투시를 2점 투시로 설정하는 기능입니다. 3점 투시에서 만들어 놓은 건물이 쏠려 보이는 효과를 없애기 위해 사용하며, 건물이 웅장한 느낌으로 표현됩니다.

01 'Add Effect (FX)' 아이콘(**FX**)을 클릭하여 Select Clip Effect 창을 표시합니다.
2점 투시를 설정하기 위해 [Camera] 탭을 클릭하고 '2-Point Perspective'을 더블클릭하여 선택합니다.

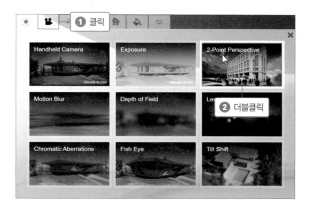

02 2-Point Perspective 창에서 Two-Point Perspective를 'On' 상태로 활성화하고, 그림과 같이 Time bar를 드래그하여 시작점으로 이동합니다.

····TIP·······································

2-Point Perspective Option
① Two Point Perspective(On/Off) : 2점 투시 사용 유무를 설정합니다.
② Amount : 2점 투시 적용 정도를 설정합니다.
··

03 Time Bar를 이동하면 건물에 2점 투시가 적용되고 있음을 확인할 수 있습니다.

4 모션 블러 적용하기

|예제 및 결과 파일| Motion Blur.mp4

움직임을 갖고 있는 오브젝트와 카메라 View에 적용하는 기능으로, 역동적인 느낌의 영상을 만들 수 있습니다.

01 'Add Effect (FX)' 아이콘(FX)을 클릭하여 Select Clip Effect 창을 표시합니다.
움직임에 따른 이미지 흐림 효과를 적용하기 위해 [Scene And Animation] 탭을 클릭하고 'Mass Move'을 더블클릭하여 선택합니다.

02 Mass Move 창에서 'Edit' 아이콘(✎)을 클릭합니다.

03 도로에 배치된 자동차 오브젝트에 움직임을 적용하기 위해 카메라 View를 뒤쪽으로 이동하고, 오른쪽 도로 끝 지점을 클릭한 다음 사거리 가운데 부분을 클릭합니다.

04 Ctrl 키를 누르고 왼쪽 도로의 끝 지
점을 클릭합니다.

05 화면 아래에서 Path Width를 '15', Car/Object Speed를 '80 km/h'로 설정합니다. 'Toggle Duel
Direction' 아이콘(⬍)을 세 번 클릭하면, 한 방향에서 양방향의 화살표로 변하는 것을 확인할 수 있습니다. 'Back' 아이
콘(✔)을 클릭하여 Movie Clip 창으로 이동합니다.

06 'Play' 아이콘(▶)을 클릭합니다. 자
동차 오브젝트가 설정한 동선을 따라 달리는
것을 확인하고, 'Add Effect(FX)' 아이콘(FX)
을 클릭합니다.

07 Select Clip Effect 창이 표시되면 [Camera] 탭을 클릭하고 'Motion Blur'를 더블클릭하여 선택합니다.

08 이미지 흐림 효과의 강약을 조절하기 위해 Motion Blur 창에서 Amount를 '2'로 설정합니다.

09 렌더링으로 완성한 동영상을 확인합니다.

····TIP··
참고용으로 Part 3 폴더의 'Motion Blur.mp4' 파일을 재생하여 확인합니다.
··

5 피사계 심도 적용하기

|예제 및 결과 파일| Part_3\Depth of Field.mp4

카메라의 거리에 따른 Blur 효과를 적용하여, 원근감과 깊이감을 높여 줍니다. 건축에서 특정 건물을 부각시키는 영상을 만들 때 많이 사용하는 기능입니다.

01 현재 적용중인 Motion Blur Effect를 제거하기 위해 'Disable Effect' 아이콘을 클릭하고, 'Add Effect(FX)' 아이콘(FX)을 클릭합니다.

02 Select Clip Effect 창이 표시되면 [Camera] 탭을 클릭하고 'Depth of Field'를 더블클릭하여 선택합니다.

····TIP····

Depth of Field는 피사계 심도를 나타냅니다.

03 Depth of Field 창에서 Amount를 '800'으로 설정합니다.

04 Focus distance를 '67'로 설정하여 건물에 카메라 렌즈 초점을 맞춥니다.

05 Auto Focus를 활용하기 위해 'Edit' 아이콘(✎)을 클릭합니다.

···TIP·········

Depth of Field Option

① Amount : 피사계 심도의 적용 강약을 설정합니다.

② Foreground/Background : Focus Distance로 설정된 지점을 기준으로 삼아, 앞쪽 Blur와 뒤쪽 Blur를 선택합니다.

③ Focus distance : 카메라에서 피사체까지 거리(카메라 초점 거리)를 설정합니다.

④ Sharp area size : 이미지에서 선명한 범위의 거리 값을 설정합니다. 0m로 설정하면 흐린 이미지를, 100m로 설정하면 선명한 이미지를 나타냅니다.

⑤ Auto focus(On/Off) : 자동 초점 기능의 사용 유무를 설정합니다. 클릭하여 On/Off 상태로 활성/비활성화할 수 있습니다.

⑥ Edit : 특정 오브젝트를 클릭하여 Focus distance를 설정합니다.

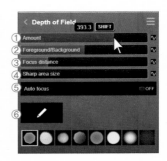

06 그림과 같이 4층의 유리창 부분을 클릭하고, 'Back' 아이콘(☑)을 클릭합니다.

07 Depth of Field 창에서 Auto Focus를 'On' 상태로 활성화합니다. 'Play' 아이콘(▶)을 클릭하면 자동으로 Focus Distance가 변하는 것을 확인할 수 있습니다.

08 렌더링으로 완성한 동영상을 확인합니다.

····TIP··

참고용으로 Part 3 폴더의 'Depth of Field. mp4' 파일을 재생하여 확인합니다.

6 렌즈 플레어 적용하기

태양이나 조명 빛의 발원점을 카메라를 통해 볼 경우 발생하는 Lens Flare를 추가하는 기능으로, 영상의 조명을 부각시킬 때 유용하게 사용합니다.

01 현재 적용중인 Depth of Field Disable Effect를 제거하기 위해 'Disable Effect' 아이콘(∅)을 클릭하고, 'Build' 아이콘(🏃)을 클릭합니다.

02 'Weather' 아이콘(☀)을 클릭하여 인터페이스를 표시하고 그림과 같이 Sun height와 Sun direction을 조정합니다. 태양이 전면에 위치하게 되면 'Movie' 아이콘(🎞)을 클릭하여 Movie 창으로 이동합니다.

03 효과를 적용하기 위해 'Add Effect (FX)' 아이콘(FX)을 클릭합니다.

04 Select Clip Effect 창이 표시되면 [Camera] 탭을 클릭하고 'Lens Flare'를 더블클릭하여 선택합니다.

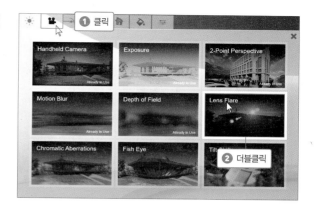

····TIP·······

Lens Flare는 Sun, Emissive Material이 적용된 오브젝트에 광원 효과를 만듭니다.

·············

05 Lens Flare 창에서 Streak inten sity를 '1', Streak rotation을 '0.9'로 설정합니다.

····TIP·····················

Lens Flare Option

① Streak Intensity : Streak(빛에 의한 카메라가 광원의 산란으로 생기는 줄기 모양의 섬광)의 강약을 설정합니다.

② Streak rotation : Streak의 회전 값을 설정합니다.

③ Streak Count(2~16) : Streak 빛줄기의 수량을 설정합니다.

④ Streak Dispersion : Streak의 확산을 설정합니다. 0으로 설정하면 흰색의 빛줄기, 1로 설정하면 무지개 색의 빛줄기를 나타냅니다.

⑤ Streak falloff(0~5) : Streak의 길이를 감소시킵니다.

⑥ Bloom Amount : Bloom(광원 주변 빛무리)의 강약을 설정합니다.

⑦ Master Brightness : Lens Flare effect 전체 효과의 강약을 설정합니다.

⑧ Anamorphic Streak Amount : Anamorphic Streak(광원좌우로 파란색의 빛)의 강약을 설정합니다.

⑨ Ghosting Amount : Camera Lens의 빛 반사에 의한 산란으로 만들어지는 Sphere(구) 빛 그림자를 설정합니다.

⑩ Isolate Bright Pixels : 개별 광입자의 밝기(광원의 밝기)를 설정합니다.

⑪ Halo Amount : 후광의 밝기를 설정합니다.

⑫ Lens Dirt Amount : Camera Lens 주변에 보이는 광원 먼지 효과를 설정합니다.

·············

06 Streak count를 '5', Streak Dispersion을 최대치인 '1'로 설정하여 섬광의 개수와 확산 효과를 조절합니다.

07 화면에 표시된 섬광을 세부적으로 조절하겠습니다. Streak falloff를 '1.6', Bloom Amount를 '0.1', Master Brightness를 '0.2', Anamorphic Streak Amount를 '0.1'로 설정합니다.

08 빛 그림자와 광원의 밝기를 조절하기 위해 Ghosting Amount를 '0.3', Isolate Bright Pixels를 '0.1', Lens Dirt Amount를 '0.2'로 설정하고, 'Back to effect' 아이콘(<)을 클릭합니다.

7 색상 번짐 효과 적용하기

이미지 색상 번짐 효과를 나타내는 기능으로, 카메라의 초점이 일치하지 않은 것 같은 느낌을 만들어 줍니다. 보는 이의 시선을 특정한 지점으로 집중하게 만들 수 있습니다.

01　현재 적용중인 Lens Flare Effect를 제거하기 위해 'Disable Effect' 아이콘(⌀)을 클릭하고, 'Add Effect(FX)' 아이콘(FX)을 클릭합니다.

02　Select Clip Effect 창이 표시되면 [Camera] 탭을 클릭하고 'Chromatic Aberrations'를 더블클릭하여 선택합니다.

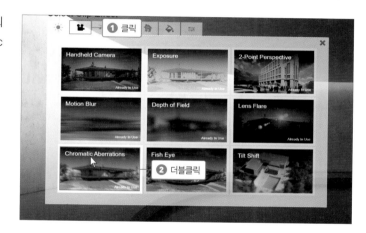

03　Dispersion을 '1'로 설정합니다. 색상 번짐 효과가 적용된 것을 확인할 수 있습니다.

····TIP····

Chromatic Aberrations Option
① Dispersion : 색상 번짐 확산 정도를 설정합니다.
② Affected Area : 색상 번짐 영역을 설정합니다.
③ Safe Shadows : 0으로 설정하면 색상과 이미지 형태 왜곡이 발생하고, 1로 설정하면 왜곡이 발생하지 않습니다.

8 어안 효과 적용하기

|예제 및 결과 파일| Part_3\Fish Eye&2_Pers pective.mp4

어안 효과는 물고기의 시선과 같이 시선을 굴절시키는 기능으로, 중심부의 이미지를 부풀리는 효과가 있습니다. 2-perspective 효과를 적용하면 높은 건물의 경우 중간 부분이 움푹 들어가 보이는 착시가 생기는데, 어안 효과를 같이 적용하면 보다 안정된 결과물을 만들 수 있습니다.

01 어안 효과를 적용하기 위해 Chroma tic Aberrations Effect는 비활성화, 2-Pers pective Effect는 활성화합니다.
'Add Effect(FX)' 아이콘(FX)을 클릭합니다.

02 Select Clip Effect 창이 표시되면 [Camera] 탭을 클릭하고 'Fish Eye'을 더블클릭하여 선택합니다.

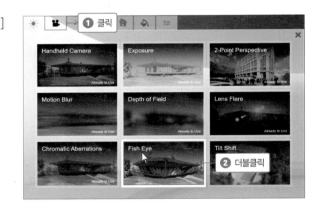

03 Fish Eye 창에서 효과의 확산 정도를 미세하게 조절하기 위해 Shift 키를 누르고 Distortion을 '0.04'로 설정합니다.
Time Bar를 드래그하여 시작점으로 이동하고, 'Create Keyframe' 아이콘(◊)을 클릭하여 키프레임을 만듭니다.

···· TIP ······

Fish Eye Opiton
① Dispersion : Fish eye 확산 정도를 설정합니다.

····················

04 Time Bar을 그림과 이동하고, 'Create Keyframe' 아이콘(■)을 클릭하여 키프레임을 만듭니다. 카메라가 가까이 이동하면 건물의 중심부가 부풀어진 것을 확인할 수 있습니다.

05 Fish Eye 창에서 효과의 확산 정도를 미세하게 조절하기 위해 Shift 키를 누르고 Distortion을 '0.02'로 설정합니다.

····TIP···
2-Perspective 기능으로 건물이 수직으로 표현되지만, 건물의 중간이 들어간 것 같은 착시 현상이 일어납니다. 이때, Fish Eye 기능을 사용하면 이미지 중간 부분을 부풀려 시각적으로 안정을 잡아 줍니다.
···

06 그림과 같이 Time Bar을 이동하고, 키프레임을 만듭니다. Shift 키를 누르고 Distortion을 '0.04'로 설정합니다.
렌더링으로 동영상을 완성하면 어안 효과가 적용된 것을 확인할 수 있습니다.

····TIP···
참고용으로 Part_3 폴더의 'Fish Eye&2_ Pers pective.mp4' 파일을 재생하여 확인합니다.
···

9 미니어처 효과 적용하기

|예제 및 결과 파일| Part_3\Tilt Shift.mp4

화면에서 중심 선분의 위나 아래 방향에 Blur 효과를 적용하여 미니어처를 촬영한 듯한 느낌을 주는 기능입니다.

01 'Add Effect (FX)' 아이콘(FX)을 클릭하여 Select Clip Effect 창을 표시합니다. [Camera] 탭을 클릭하고 'Tilt Shift'를 더블클릭하여 선택합니다.

02 Tilt Shift 창에서 Amount를 '0.2', Shift를 '0.3'으로 설정하여, 건물 오브젝트의 GL선에 Tilt Shift를 위치시킵니다.
렌더링으로 완성한 동영상을 확인합니다.

····TIP·····

참고용으로 Part 3 폴더의 'Tilt Shift.mp4' 파일을 재생하여 확인합니다.

····TIP·····

Tilt Shift Option

① Amount : 중심 선분의 위아래에 적용된 Blur 효과의 강약을 설정합니다.
② Shift : 수평 Blur의 시작 위치를 설정합니다. 0으로 설정하면 하단, 0.5는 중간, 1은 상단을 나타냅니다.
③ Rotate : 수평 Blur의 생성 수평각을 설정합니다.
④ Sharp Area size : 수평을 기준으로 선명도를 설정합니다. 설정 값이 클수록 선명해집니다.

CHAPTER

003 Scene and Animation 적용하기

Scene and Animation은 화면에 배치된 오브젝트에 움직임을 만들어 주는 기능입니다. 주로 자동차 또는 사람 오브젝트의 움직임을 만들 때 활용합니다.

1 Mass Move 적용하기

|예제 및 결과 파일| Part_3\Exterior2.ls8, Exterior2(결과).ls8

오브젝트가 이동할 Gizmo를 만들고 일정한 Path를 따라 움직이게 만드는 기능으로, 가장 진보한 동선 애니메이션 기능입니다.

01 루미온을 실행하고, 시작 화면의 [Load scene] 탭에서 'Load scene file from disk'를 선택합니다.
[열기] 대화상자가 표시되면 Part_3 폴더의 'Exterior2.ls8' 파일을 선택하고 〈열기〉 버튼을 클릭합니다.

02 그림과 같이 Scene이 표시되면 'Movie' 아이콘(▦)을 클릭합니다.

03 Movie Clip 창이 표시되면 효과를 적용하기 위해 'Add Effect(FX)' 아이콘(█FX)을 클릭합니다.

04 Select Clip Effect 창에서 [Scene and Animation] 탭을 클릭하고 'Mass Move'을 더블클릭하여 선택합니다.

05 세부 항목을 설정하기 위해 Mass Move 창에서 'Edit' 아이콘(█)을 클릭합니다.

06 'Add Path' 아이콘(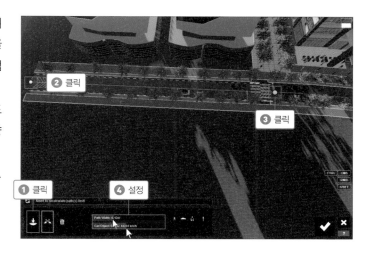)을 클릭하여
활성화하고, 도로에서 중앙선의 가운데 부분을
클릭하여 오브젝트가 이동할 Gizmo의 시작점
으로 지정합니다.

그림과 같이 끝점을 클릭한 후 Path Width(도
로 넓이)를 '6.12m', Car/Object Speed(차량
속도)를 '64 Km/h'로 설정합니다.

07 화면에서 'Toggle Dual Direction'
아이콘()을 2번 클릭하여, 오브젝트의 진행
방향을 설정합니다.

08 Ctrl 키를 누르고 그림과 같이 세 부
분의 지점을 클릭하여 오브젝트의 동선을 만들
어 줍니다.

09 그림과 같이 도로 중간 부분의 곡선 구간을 클릭합니다. 각진 부분을 부드럽게 만들기 위해 Smoothness를 '33%'로 설정합니다.

10 같은 방법으로 [Ctrl] 키를 누른 채 그림과 같이 지점을 클릭하여 오브젝트의 동선을 만들어 줍니다. 작업을 마치면 'Back' 아이콘(☑)을 클릭합니다.

11 Mass Move의 Gizmo 영역에서 벗어난 자동차 오브젝트의 위치를 수정하기 위해 'Build' 아이콘(🏃)을 클릭합니다.

12 Objects → Transport를 클릭한 다음 'Move Object' 아이콘(⬙)을 클릭하여 활성화합니다.
건물 오른쪽 도로에서 자동차 오브젝트를 중앙선에 가깝게 배치하고, 'Movie' 아이콘(⬛)을 클릭합니다.

13 세부 항목을 설정하기 위해 Mass Move 창에서 'Edit' 아이콘(✎)을 클릭합니다.

14 카메라 View를 건물 뒤쪽의 도로를 중심으로 잡아준 다음, 새로운 동선을 만들기 위해 'Add Path' 아이콘(⬇)을 클릭합니다.

15 [Ctrl] 키를 누른 채 그림과 같이 지점을
클릭하여 오브젝트의 동선을 만들어 줍니다.

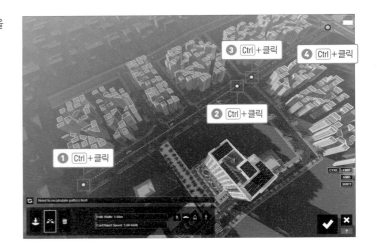

16 Path Width(도로 넓이)를 '16.49m',
Car/Object Speed(차량 속도)를 '70Km/h'
로 설정합니다.
'Toggle Dual Direction' 아이콘(⬍)을 두 번
클릭한 다음 'Recalculate path(s)' 아이콘
(🔄)을 클릭합니다.

17 'Play' 아이콘(▶)이 만들어집니다.
클릭하면 자동차 오브젝트가 지정한 동선을 따
라 이동하는 것을 확인할 수 있습니다. 확인 후
'Back' 아이콘(✔)을 클릭합니다.

2 Move 적용하기

오브젝트를 움직이는 기능으로, 한 방향으로 움직임을 줄 수 있으며 Rotate, Scale을 한 번 적용할 수 있습니다.

01 ‘Add Effect (FX)’ 아이콘(FX)을 클릭하여 Select Clip Effect 창을 표시합니다. [Scene and Animation] 탭을 클릭하고 ‘Mass Move’을 더블클릭하여 선택합니다.

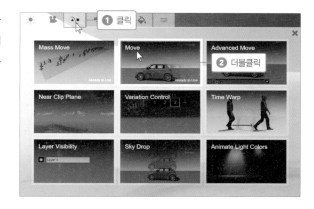

02 그림과 같이 Time bar를 드래그하여 건물 사이의 거리로 이동합니다. 세부 항목을 설정하기 위해 Mass Move 창에서 ‘Edit’ 아이콘(✎)을 클릭합니다.

03 ‘Move’ 아이콘(✖)을 클릭하고 ‘End Position’ 아이콘(▶)을 클릭하여 활성화합니다. 그림과 같이 걸어가는 남자 오브젝트를 선택합니다.

04　　Move 기능이 활성화된 상태에서 남자 오브젝트를 클릭 후 드래그하여 동선이 끝날 지점으로 이동합니다.

05　　같은 방법으로 화면의 사람 오브젝트를 클릭하여 걸어가는 사람의 동선을 만듭니다.

06　　카메라 View를 상가 옥상으로 이동하고, 걸어가고 있는 여자 오브젝트를 드래그하여 그림과 같이 이동합니다.

3 Advanced Move 적용하기

Move의 진보된 기능으로, 다꼭지선의 키프레임을 생성할 수 있습니다. 키프레임 간 연결하는 움직임은 직각 방향으로만 이동 가능합니다.

01 Movie Clip 창을 표시하고, 'Build' 아이콘(📲)을 클릭합니다.

02 열기구 오브젝트를 추가하기 위해 **Objects → Transport → Select Object**를 클릭합니다.

03 Transport Library 창이 표시되면 [Air] 탭을 클릭하고, 'HotAirBalloon_3'을 더블클릭하여 선택합니다.

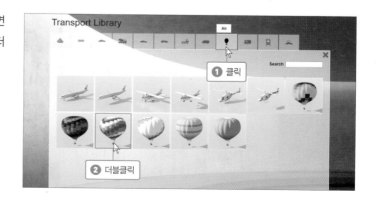

04 　주변 건물 옥상을 클릭하여 선택한 열기구 오브젝트를 배치합니다.

05 　'Change Hight' 아이콘(⬍)을 클릭하고, 그림과 같이 열기구 오브젝트를 하늘 위로 올려 줍니다. 예제에서는 Y축 방향으로 '37'만큼 올려 줍니다.
'Movie' 아이콘(▉)을 클릭하여 Movie Effect 창으로 이동합니다

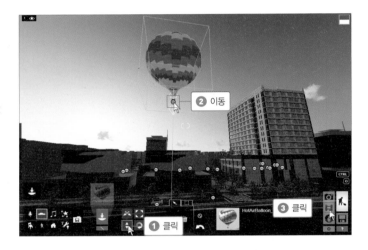

06 　'Add Effect (FX)' 아이콘(FX)을 클릭하여 Select Clip Effect 창을 표시합니다. [Scene and Animation] 탭을 클릭하고 'Advanced Move'을 더블클릭하여 선택합니다.

07 Advanced Move 창에서 세부 항목을 설정하기 위해 'Edit' 아이콘(✐)을 클릭합니다.

···TIP···

Advanced Move Option

① Edit : 애니메이션을 적용할 대상을 선택하거나 오브젝트의 동선을 만듭니다.

② Time Offset(-100~100) : Edit를 이용해 만들어진 애니메이션을 재생하는 시작 위치를 설정합니다. 예를 들어, '-10'으로 설정하면 10초 후에 재생됩니다.

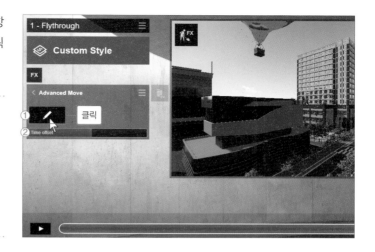

08 그림과 같은 화면에서 'Move' 아이콘(⬚)을 클릭합니다. 열기구 오브젝트의 동선이 시작될 위치에서 키프레임을 만들기 위해 Shift 키를 누른 채 약간 움직여 줍니다. Time Bar를 드래그하여 14초로 이동하고, Shift 키를 누른 채 Move 기능으로 열기구 오브젝트를 이동합니다.

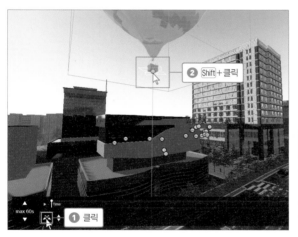

09 Time Bar를 30초로 드래그하여 이동하고, Move 기능이 활성화된 상태에서 Shift 키를 누른 채 열기구 오브젝트를 건물 앞쪽으로 이동합니다.

···TIP···

Shift 키를 누르고 있으면 Move로 이동해도 높이(고도)가 유지된 상태에서 수평으로 이동합니다. 모든 Move 이동은 루미온 환경의 지형(Terrain)에 정렬됩니다.

10 Time Bar를 45초로 드래그하여 이동하고, 'Change Hight' 아이콘()을 클릭하여 그림과 같이 열기구 오브젝트를 하늘 위로 올려 줍니다.

11 Time Bar를 60초로 드래그하여 이동하고, Move 기능이 활성화된 상태에서 Shift 키를 누른 채 열기구 오브젝트를 건물 뒤쪽으로 이동합니다.

12 마지막 키프레임에서 'Rotate' 아이콘()을 클릭합니다. 열기구 오브젝트의 방향을 뒤쪽으로 돌려주면, 열기구가 이동 중간에 회전하는 것을 확인할 수 있습니다.
'Back' 아이콘(✔)을 클릭하여 마무리합니다.

4 Near Clip Plane 적용하기

카메라 앞쪽에 위치한 오브젝트를 잘라 시야를 확보하는 기능입니다.

01　Movie Clip 창에서 'Add Effect (FX)' 아이콘 (FX)을 클릭하여 Select Clip Effect 창을 표시합니다. [Scene and Animation] 탭을 클릭하고 'Near Clip Plane'을 더블클릭하여 선택합니다.

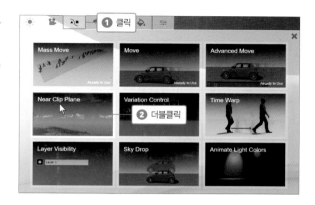

02　Time bar를 드래그하여 33초로 이 동하고, Near Clip Plane을 '3m'로 설정합니다. 카메라 앞 3m 전부터 오브젝트 면들이 사라지는 것을 확인할 수 있습니다.

03　확인이 끝나면, 'Remove Effect' 아이콘(🗑)을 더블클릭하여 Near Clip Plane Effect를 제거합니다.

5 Time Warp 적용하기

|예제 및 결과 파일| Part_3\Door.FBX

동작을 갖고 있는 오브젝트와 Import 기능으로 불러온 애니메이션 파일의 재생 시점을 재설정하는 기능입니다. 하나의 Scene에서 두 개 이상의 오브젝트 사이에 충돌이 일어나면, 카메라 동선에 맞는 오브젝트의 애니메이션 시작 시점을 재설정해서 충돌을 피할 수 있도록 만들어 줍니다.

01 Movie Clip 창에서 Clip_2를 선택한 다음 'Record' 아이콘(🎥)을 클릭합니다.

02 그림과 같이 건물의 측면 거리 View를 잡아 주고, 'Take Photo' 아이콘(📷)을 세 번 클릭하여 Scene을 저장합니다. 오른쪽 아랫부분의 'Back' 아이콘(✔)을 클릭합니다.

03 Movie Clip 창에서 'Add Effect (FX)' 아이콘(FX)을 클릭하여 Select Clip Effect 창을 표시합니다. [Scene and Animation] 탭을 클릭하고 'Move'를 더블 클릭하여 선택합니다.

04 세부 항목을 설정하기 위해 'Edit' 아이콘()을 클릭합니다.

05 'Move' 아이콘(▦)을 클릭하고 'End Position' 아이콘(▶)을 클릭하여 활성화합니다.

그림과 같이 걸어가는 남자 오브젝트를 선택한 후 앞쪽으로 이동하고 'Back' 아이콘(✔)을 클릭합니다.

06 'Play' 아이콘(▶)을 클릭하여 사람 오브젝트의 이동 동선을 확인합니다. 'Build' 아이콘(🚶)을 클릭합니다.

07 Objects → Imports → Import New Model을 클릭합니다. [열기] 대화상자가 표시되면 Part_3 폴더에서 'Door.FBX' 파일을 선택하고 〈열기〉 버튼을 클릭합니다.

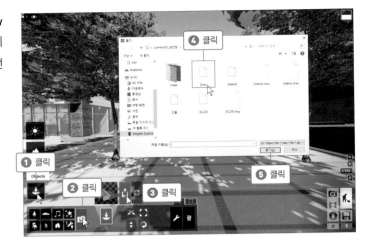

08 외부 파일 불러오기 창이 표시되면 FBX 파일에 포함된 애니메이션을 불러오기 위해 Import animations 옵션에 체크한 다음, 'Add to Library' 아이콘(☑)을 클릭합니다.

09 그림과 같이 화면을 클릭하여 Door 오브젝트를 만들고 'Movie' 아이콘(▦)을 클릭합니다.

10 'Move' 아이콘(📉)을 클릭하고 'End Position' 아이콘(▶)을 클릭하여 활성화합니다.

그림과 같이 걸어가는 남자 오브젝트가 통과할 지점에 Door 오브젝트를 배치합니다.

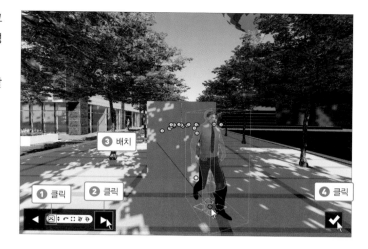

11 Time Bar를 드래그하여 영상을 살펴보면, 사람이 Door를 통과할 때 충돌이 일어나는 것을 확인할 수 있습니다. 두 오브젝트 간 충돌을 줄이기 위해 Add Effect (FX)' 아이콘(FX)을 클릭합니다.

12 Select Clip Effect 창이 표시되면 [Scene and Animation] 탭을 클릭하고 'Time Warp'을 더블클릭하여 선택합니다.

13 'Offset for Animated imported model'의 수치를 Scene을 보면서 Door와 사람 오브젝트가 서로 충돌하지 않도록 조정합니다. 작업을 마치면 다음 작업을 위해 'Remove Effect' 아이콘(■)을 더블클릭합니다.

····TIP····

Time Warp Option

① Offset for animation people and animals : Library에서 제공하는 사람과 동물 오브젝트의 애니메이션 시작 시점을 설정합니다.
② Offset for animated imported models : FBX에서 만들어져 있는 애니메이션에서 오브젝트 간 애니메이션 시작 시점을 설정합니다.

---

14 Scene에 불러온 Door 오브젝트를 삭제하기 위해 Movie Clip 창에서 'Build' 아이콘(🏃)을 클릭합니다.

15 Objects → Trash Object를 클릭하고, Door 오브젝트를 클릭하여 삭제합니다.

6 Layer Visibility 적용하기

Object Layer에서 설정된 레이어별로 나타나고 사라지는 애니메이션을 만드는 기능입니다.

01 **Objects → Nature**를 클릭하고 'Move Object' 아이콘(⬛)을 클릭하여 활성화한 다음, Ctrl 키를 누른 채 드래그하여 화면에 표시된 나무 오브젝트를 모두 선택합니다.

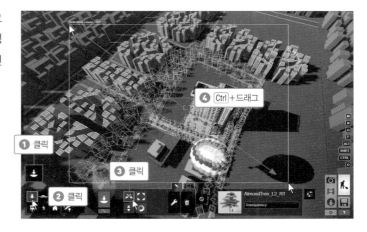

02 Layer 창에서 2번 Layer을 클릭하고, 현재 선택된 오브젝트를 Layer에 넣기 위해 'Move Selection to Layer' 아이콘(⬆)을 클릭합니다.

03 2번 Layer의 눈 아이콘을 클릭하여 나무 오브젝트를 숨긴 다음 **Objects → Transport**를 클릭합니다.

04 화면에서 열기구 오브젝트를 선택하고, 3번 Layer를 클릭하여 활성화합니다. 현재 선택된 오브젝트를 Layer에 넣기 위해 'Move Selection to Layer' 아이콘(▨)을 클릭합니다.

05 3번 Layer의 눈 아이콘을 클릭하여 숨긴 다음 Ctrl 키를 누르고 그림과 같이 화면에 자동차 오브젝트를 모두 선택합니다.

06 같은 방법으로 4번 Layer에 자동차 오브젝트를 모두 넣어준 다음, 눈 아이콘을 클릭하여 숨겨 줍니다.

07 Objecst → People and Animals를 클릭합니다. 'Move Object' 아이콘(🏃)을 클릭하여 활성화한 다음, Ctrl 키를 누른 채 드래그하여 화면에 표시된 사람 오브젝트를 모두 선택합니다.

Layer 창에서 5번 Layer의 'Selection is inside layer' 아이콘(◉)을 클릭하여 넣어 줍니다.

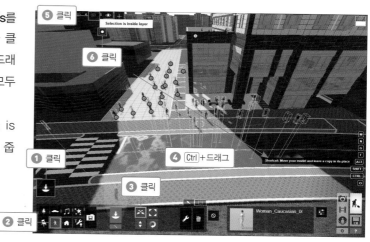

08 Layer 창에서 2, 3, 4번 Layer의 눈 아이콘을 클릭하여 모두 표시합니다. 'Movie' 아이콘(🎞)을 클릭하여 Movie Clip 창으로 이동합니다.

09 'Add Effect (FX)' 아이콘(FX)을 클릭하여 Select Clip Effect 창을 표시합니다. [Scene and Animation] 탭을 클릭하고 'Layer Visibility'를 더블클릭하여 선택합니다.

10　　Time Bar를 드래그하여 이동한 다음, 'Create Keyframe' 아이콘(ᘉ)을 클릭하여 키프레임을 만듭니다.

11　　Time Bar를 이동하고 그림과 같은 View가 나오면, 'Create Keyframe' 아이콘(ᘉ)을 클릭하여 키프레임을 만듭니다. Layer Visibility 창에서 2, 5번 Layer를 클릭하여 숨깁니다. 화면에서 나무와 사람 오브젝트가 보이지 않는 것을 확인할 수 있습니다.

12　　Time Bar를 이동하고 그림과 같은 View가 나오면, 'Create Keyframe' 아이콘(ᘉ)을 클릭하여 키프레임을 만듭니다. Layer Visibility 창에서 2, 5번 Layer를 클릭하여 다시 표시하고, 3번 Layer는 숨겨 줍니다. 화면에서 나무와 사람 오브젝트가 표시되고, 열기구 오브젝트가 보이지 않는 것을 확인할 수 있습니다.

13 Time Bar를 드래그하여 이동한 다음, 그림과 같이 건물의 측면에서 'Create Keyframe' 아이콘(🔽)을 클릭하여 키프레임을 만듭니다.

Layer Visibility 창에서 2 번 나무 Layer를 숨겨 주고, 3번 열기구 Layer를 표시합니다.

14 Time Bar를 드래그하여 이동한 다음, 그림과 같이 건물의 전경이 보이면 'Create Keyframe' 아이콘(🔽)을 클릭하여 키프레임을 만듭니다. Layer Visibility 창에서 숨겨진 2 번 나무 Layer를 표시합니다.

15 'Play' 아이콘(▶)을 클릭하면, 앞서 만들어 놓은 키프레임을 중심으로 Layer가 나타나고 사라지는 것을 확인할 수 있습니다.

7 Sky Drop 적용하기

|예제 및 결과 파일| Part_3\Sky Drop.mp4

선택한 오브젝트가 하늘에서 떨어지는 효과를 만드는 기능입니다.

01 Movie Clip 창에서 Clip_2를 선택한 다음 'Record' 아이콘( )을 클릭합니다.

02 그림과 같이 View를 잡아 주고, 'Take Photo' 아이콘( )을 네 번 클릭하여 Scene을 저장합니다. 오른쪽 아랫부분의 'Back' 아이콘( )을 클릭합니다.

03 Movie Clip 창에서 'Add Effect (FX)' 아이콘( )을 클릭하여 Select Clip Effect 창을 표시합니다. [Scene and Animation] 탭을 클릭하고 'Sky Drop'를 더블클릭하여 선택합니다.

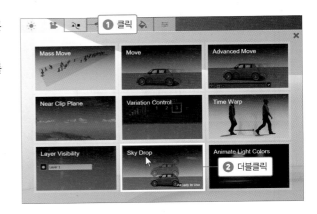

04 Sky Drop 창에서 세부 항목을 설정하기 위해 'Edit' 아이콘(✐)을 클릭합니다.

05 길 좌우에 있는 나무 오브젝트를 앞쪽부터 차례대로 선택하고, 'Back' 아이콘(✔)을 클릭합니다.

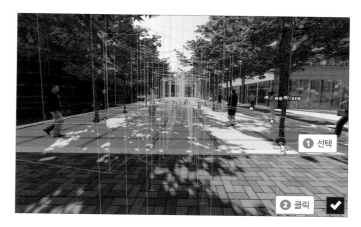

06 Offset을 '370', Duration을 '2.7', Spacing을 '4.6'으로 설정하고, 렌더링하여 완성한 동영상을 확인합니다.

····TIP·····

참고용으로 Part_3 폴더의 'Sky Drop.mp4' 파일을 재생하여 확인합니다.

····TIP·····

Sky Drop Option

① Edit : Scene에서 Sky Drop 효과를 적용할 대상을 선택합니다. 선택하는 순서대로 애니메이션이 만들어 집니다.
② Offset : Sky Drop 효과가 시작되는 시간을 설정합니다. −1000부터 1000까지의 숫자로 설정합니다.
③ Duration : 오브젝트에 Sky Drop 효과가 적용되는 지속 시간을 설정합니다.
④ Spacing : 오브젝트 간 Sky Drop 적용 간격 차이를 설정합니다.

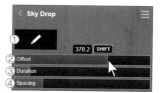

8 Animation Light Colors 적용하기 |예제 및 결과 파일| Part_3\Animate Light Colors.mp4

조명을 선택한 후 원하는 색상을 지정하면 애니메이션 재생 시 지정한 색상에 따라 조명 색이 변하는 기능입니다.

01 Movie Clip 창에서 Clip_3을 선택한 다음 'Record' 아이콘(📹)을 클릭합니다.

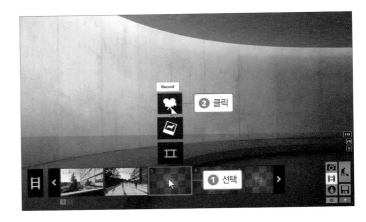

02 그림과 같이 View를 잡아 주고, 'Take Photo' 아이콘(📷)을 네 번 클릭하여 Scene을 저장합니다. 오른쪽 아랫부분의 'Back' 아이콘(✔)을 클릭합니다.

03 건물 오브젝트에 조명 효과를 추가하기 위해 Movie Clip 창에서 'Build' 아이콘(🏃)을 클릭합니다.

04 조명이 더 잘 보이도록 미리 하늘을 어둡게 만들겠습니다. 'Weather' 아이콘()을 클릭하고, Weather 관련 인터페이스가 표시되면 Sun height와 Sun direction을 그림과 같이 조정합니다.

05 Objects → Lights and special objects → Select object를 클릭합니다.

06 Light And Utilities Library 창이 열립니다. [Spotlights] 탭의 첫 번째 페이지에서 'Lamp13'을 선택합니다.

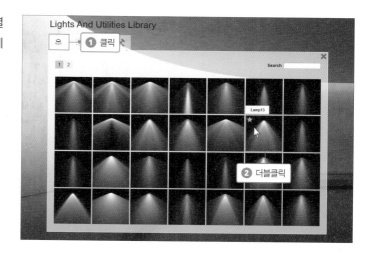

07 화면에서 건물 위쪽을 클릭하여 두 개의 Light를 배치합니다.

08 'Move Object' 아이콘()을 클릭하여 활성화한 다음, Shift 키와 Alt 키를 눌러 조명의 높이를 유지하면서 복사 배치합니다. 'Movie' 아이콘()을 클릭합니다.

····TIP··

Move 활용하기
- Move + Shift : 수평 이동
- Move + Alt : 이동 복제
- Move + Shift + Alt : 수평 이동 복제

09 Movie Effect 창이 표시되면 Add Effect (FX)' 아이콘(FX)을 클릭합니다.

10 Select Clip Effect 창에서 [Scene and Animation] 탭을 클릭하고, 'Animate Light Colors'를 더블클릭하여 선택합니다.

11 Animate Light Colors 창에서 세부 항목을 설정하기 위해 'Edit' 아이콘(🔦)을 클릭합니다.

····TIP····

Animate Light Colors Option
① Red : 붉은색 빛의 적용 강약
② Green : 녹색 빛의 적용 강약
③ Blue : 파랑 빛의 적용 강약

12 그림과 같이 조명을 하나씩 건너뛰어서 선택하고 'Back' 아이콘(✔)을 클릭합니다.

13 Time Bar를 이동하고, Red, Green, Blue 오른쪽에 있는 'Create Keyframe' 아이콘(ᐯ)을 각각 클릭합니다.

14 Red, Green, Blue의 수치 값을 그림과 같이 설정하여 파란색 조명을 만듭니다.

15 Time Bar를 그림과 같이 이동하고, Red, Green, Blue 오른쪽에 있는 'Create Keyframe' 아이콘(ᐯ)을 각각 클릭합니다. Red, Green, Blue의 수치 값을 그림과 같이 설정하여 녹색 조명을 만듭니다.

16 Time Bar를 그림과 같이 이동하고, Red, Green, Blue 오른쪽에 있는 'Create Keyframe' 아이콘(📈)을 각각 클릭합니다. Red, Green, Blue의 수치 값을 그림과 같이 설정하여 분홍색 조명을 만듭니다.

17 같은 방법으로 Time Bar를 이동하고, 그림과 같이 노란색 조명을 만듭니다.

18 'Back to Effect' 아이콘(◀)을 클릭합니다.

19 다른 Animate Light Colors를 추가하기 위해 'Add Effect (FX)' 아이콘( )을 클릭합니다.

20 Select Clip Effect 창이 표시되면 [Scene and Animation] 탭을 클릭하고 'Animate Light Colors'를 더블클릭하여 선택합니다.

21 Animate Light Colors 창에서 세부 항목을 설정하기 위해 'Edit' 아이콘( )을 클릭합니다.

22 앞서 선택한 조명을 제외하고, 선택되지 않았던 조명을 그림과 같이 선택하여 활성화합니다. 'Back' 아이콘(☑)을 클릭합니다.

23 이전 과정과 같은 방법으로 4개의 키프레임과 조명 색상을 만듭니다.

24 완성된 Animate Light Colors 효과렌더링 이미지를 확인합니다.

····TIP····

참고용으로 Part_3 폴더의 'Animate Light Colors.mp4' 파일을 재생하여 확인합니다.

CHAPTER

OO4 날씨 설정하기 – Weather & Climate

Weather & Climate는 대기의 기후를 조정하는 기능입니다. 눈, 비, 바람, 구름 등을 작업 환경에 맞게 설정할 수 있습니다.

1 하늘과 구름 연출하기 – Sky and Clouds

현재 Scene에 하늘과 구름을 추가하는 기능으로, 구름이 움직이는 장면 등을 연출할 수 있습니다. 단, Build 환경의 Clouds는 움직임을 설정할 수 없습니다.

|예제 및 결과 파일| Part_3\Landscape_1.ls8, Sky and Clouds.mp4

01 루미온을 실행하고, 시작 화면의 [Load scene] 탭에서 'Load scene file from disk'를 선택합니다.
[열기] 대화상자가 표시되면 Part_3 폴더의 'Landscape_1.ls8' 파일을 선택하고 〈열기〉 버튼을 클릭합니다.

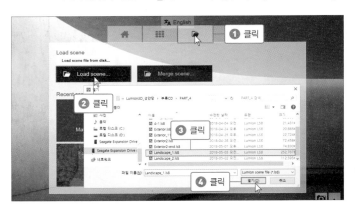

02 그림과 같이 Scene이 표시되면 'Movie' 아이콘(▐▐)을 클릭합니다.

03 'Add Effect(FX)' 아이콘(■)을 클릭하여 Select Clip Effect 창을 표시합니다. [Weather and Climate] 탭을 클릭하고 'Sky and Clouds'를 더블클릭하여 선택합니다.

04 화면에 구름을 만들기 위해, Master cloud amount를 '0.8'로 설정합니다.

···TIP····

Sky and Clouds Option

① Position : 구름의 위치를 설정합니다.
② Cloud Speed : 구름 움직임의 속도를 설정합니다.
③ Master Cloud Amount : 구름의 양을 설정합니다.
④ Low Clouds : 낮은 높이의 구름의 양을 설정합니다.
⑤ High Clouds : 높은 높이의 구름의 양을 설정합니다.
⑥ Cloud direction : 구름의 이동 방향을 설정합니다.
⑦ Cloud brightness : 구름의 밝기를 설정합니다.
⑧ Cloud softness : 구름의 부드러움 정도를 설정합니다.
⑨ Low cloud softness removal :낮은 구름의 부드러움을 제거합니다.
⑩ Sky brightness : 하늘의 밝기를 설정합니다.
⑪ Cloud Preset : Sky and Clouds에서 제공하는 구름의 종류를 설정합니다.
⑫ Cloud high Preset : 높은 높이의 구름의 종류를 설정합니다.
⑬ Overall Brightness : 구름과 하늘의 전체 밝기를 설정합니다.

05 Low Clouds를 '0.2', High Clouds 를 '0.6'으로 설정합니다.

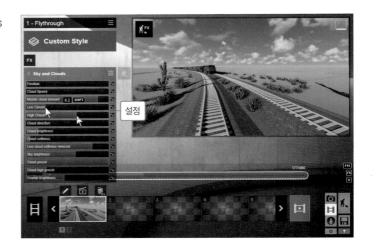

06 구름을 부드럽게 만들기 위해 Cloud softness를 '0.4'로 설정합니다.

07 낮은 구름을 보다 부드럽게 만들기 위해 Low cloud softness removal을 '0.6' 으로 설정합니다.

08 구름의 배경이 되는 하늘의 밝기를 어둡게 만들기 위해 Sky brightness를 '0.5'로 설정합니다.

09 Sky and Clouds에서 제공하고 있는 구름의 종류를 설정하기 위해 Cloud preset를 '0.3', Cloud high preset를 '1'로 설정합니다.

10 Overall Brightness를 '1.8'로 설정하여 하늘과 구름의 밝기를 밝게 만듭니다.

11 구름의 움직임을 만들기 위해 Cloud Speed를 '3.8'로 설정합니다.

12 구름이 뒤에서 앞으로 이동하도록 Cloud direction을 '1.6'으로 설정합니다.

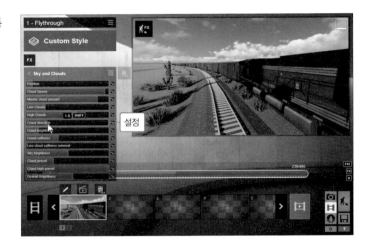

13 구름이 위치가 움직이는 장면을 만들기 위해 Time Bar를 드래그하여 시작점으로 이동하고, Position의 'Create Keyframe' 아이콘( )을 클릭합니다.

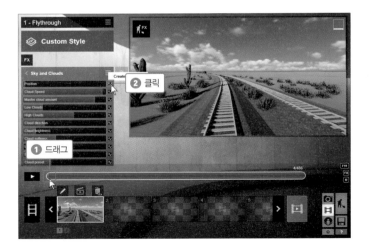

14 Time Bar를 드래그하여 끝점으로 이동하고, Position의 'Create Keyframe' 아이콘(🎵)을 클릭합니다.

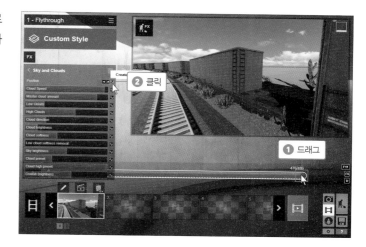

15 Position을 '0.7'로 설정합니다. 수치 값이 클수록 구름의 이동 속도가 빨라집니다. 'Back to Effect' 아이콘(◀)을 클릭합니다.

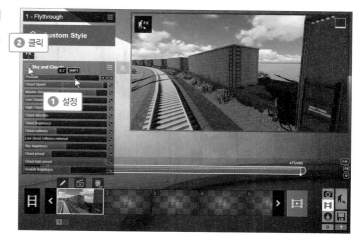

16 완성된 Sky and Clouds Effect 렌더링 이미지입니다.

····TIP····

참고용으로 Part_3 폴더의 'Sky and Clouds.
mp4' 파일을 재생하여 확인합니다.

2 안개 적용하기 – Fog

대지의 안개를 연출하는 기능으로, 안개의 생성과 사라짐 등을 애니메이션으로 만들 수 있습니다.

01 Movie Clip 창에서 'Add Effect (FX)' 아이콘( 생략)을 클릭하여 Select Clip Effect 창을 표시합니다.
[Weather and Climate] 탭을 클릭하고 'Fog'를 더블클릭하여 선택합니다.

02 Fog Density를 '1.8'로 설정합니다. 그림과 같이 화면에 안개가 생성됩니다.

····TIP····

Fog Option

① Fog density : 안개의 농도를 설정합니다.
② Fog falloff : 지평선을 중심으로 위아래 방향의 안개 농도와 감쇠 강도를 설정합니다.
③ Fog brightness : 안개의 밝기를 설정합니다.
④ Brightness : 색상 창에서 안개 색상을 설정합니다.

03 Fog falloff의 수치 값을 그림과 같이
설정합니다. 지평선을 중심으로 안개가 생성된
것을 확인할 수 있습니다.

04 Fog brightness를 '0.9'로 설정하
여 안개의 밝기를 조절합니다.

05 완성된 Fog Effect 렌더링 이미지입
니다.

3 비 내리는 장면 연출하기 – Rain

|예제 및 결과 파일| Part_3\Rain.mp4

현재 Scene에서 비가 내리는 효과를 추가하는 기능입니다.

01 Movie Effect 창에서 'Back to Effect' 아이콘( )을 클릭합니다.

02 Fog, Sky and Clouds Effect를 제거하기 위해 오른쪽 'Disable effect' 아이콘( )을 클릭하여 비활성화합니다. 'Add Effect (FX)' 아이콘( )을 클릭합니다.

03 Select Clip Effect 창이 표시되면 [Weather and Climate] 탭을 클릭하고 'Rain'을 더블클릭하여 선택합니다.

04 빗방울의 굴절율을 높이기 위해 Drop distortion을 '1.9'로 설정합니다.

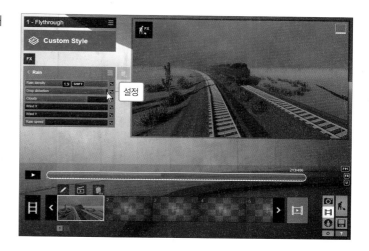

05 Rain speed와 Cloudy를 각각 '2.0'으로 설정합니다. 렌더링하여 완성한 동영상을 확인하면 번개 효과를 볼 수 있습니다.

······TIP······

참고용으로 Part_3 폴더의 'Rain.mp4' 파일을 재생하여 확인합니다.

··

······TIP······

Rain Option

① Rain density(0~2) : 비의 양을 설정합니다.

② Drop distortion(0~2) : 빗방울의 굴절률을 설정합니다.

③ Cloudy(0~2) : 비구름의 양을 설정합니다.

④ Wind X(0~2) : 좌우 비의 방향을 설정합니다. 0은 오른쪽, 1은 수직, 2은 왼쪽 방향을 나타냅니다.

⑤ Wind Y(0~2) : 앞뒤 비의 방향을 설정합니다. 0은 뒤쪽에서 앞쪽 방향, 2는 앞쪽에 뒤쪽 방향을 나타냅니다.

⑥ Rain Speed(0~2) : 비가 내리는 속도를 설정합니다.

4 눈 내리는 장면 연출하기 – Snow

현재 Scene에서 눈이 내리는 효과를 추가하는 기능입니다.

01 Movie Effect 창에서 Rain Effect를 제거하기 위해 'Disable effect' 아이콘(⊘)을 클릭하여 비활성화합니다.

02 'Add Effect (FX)' 아이콘(FX)을 클릭합니다.

03 Select Clip Effect 창이 표시되면 [Weather and Climate] 탭을 클릭하고 'Snow'를 더블클릭하여 선택합니다.

04 Snow 창에서 Snow layer를 '0.1'
로 설정합니다. Time Bar를 드래그하여 그림
과 같이 열차가 보이는 장면으로 이동합니다.
눈이 쌓이는 효과를 볼 수 있습니다.

05 Cloud를 '0'으로 설정하면 밝은 하
늘을 만들 수 있습니다. Effect가 적용된 상태
에서 오브젝트를 편집하기 위해 'Build with
Effect' 아이콘( )을 클릭합니다.

········ TIP ········

Snow Option

① Snow density : 눈의 양을 설정합니다.
② Snow : Layer : 쌓인 눈의 양을 설정합니다.
③ Cloudy(0~2) : 눈구름의 양을 설정합니다.
④ Wind X(0~2) : 좌우 눈의 방향을 설정합니다. 0은 오른쪽, 1은 수직, 2는 왼쪽 방향을
　　나타냅니다.
⑤ Wind Y(0~2) : 앞뒤 눈의 방향을 설정합니다. 0은 뒤쪽에서 앞쪽 방향, 2는 앞쪽에서
　　뒤쪽 방향을 나타냅니다.
⑥ Speed : 눈이 내리는 속도를 설정합니다.

06 Objects → Nature를 클릭하고, 'Move Object' 아이콘(🏃)을 클릭하여 활성화합니다. 그림과 같이 화면에서 선인장 오브젝트를 선택합니다.

07 Move Object 기능이 활성화된 상태에서 Alt 키를 눌러 선인장 오브젝트를 복사합니다. 작업이 끝났으면, 'Back' 아이콘(✔)을 클릭합니다.

08 Movie Effect 창에서 Snow Effect를 제거하기 위해 'Disable effect' 아이콘(⊘)을 클릭하여 비활성화합니다.

5 비행운 만들기 - Contrails

하늘에 비행기가 지나가면서 만들어지는 구름 궤적을 만드는 기능입니다.

01 Movie Clip 창에서 'Add Effect (FX)' 아이콘
(■)을 클릭하여 Select Clip Effect 창을 표시합니다.
[Weather and Climate] 탭을 클릭하고 'Contrails'를
더블클릭하여 선택합니다.

02 Planes를 '20.5', Tail Length를
'0.5'로 설정합니다. 하늘에 비행기가 지나간
구름 흔적이 나타난 것을 확인합니다.

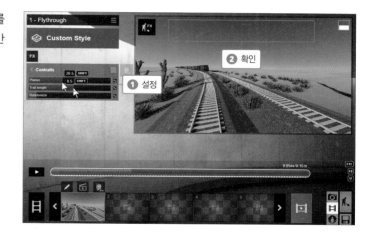

03 Randomize를 '0.8'로 설정합니다.
'0.1' 단위로 하늘의 Contrails가 변합니다.

····TIP·····

Contrails Option

① Planes(0~50) : 하늘을 비행할 비행기의
　개수를 설정합니다.
② Trail length(0~1) : 줄 구름의 길이를 설정
　합니다.
③ Randomize(0~1) : 생성된 줄 구름의 새로
　운 배열을 만듭니다.

6 내려앉은 구름 만들기 – Volume Clouds |예제 및 결과 파일| Part_3\Volume Clouds.mp4

대지에 내려앉은 구름을 표현하는 기능입니다. 홍보 영상에서 구름이 옅게 사라지면서 건물이 나타나는 장면을 연출할 때 많이 사용합니다.

01 Movie Clip 창에서 'Add Effect (FX)' 아이콘(FX)을 클릭하여 Select Clip Effect 창을 표시합니다. [Weather and Climate] 탭을 클릭하고 'Volume Clouds'을 더블클릭하여 선택합니다.

02 Volume Clouds 창에서 Amount를 '0.1'로 설정하여, 구름이 양을 그림과 같이 조절합니다.

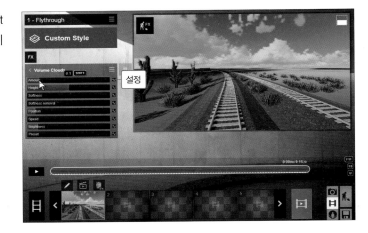

....TIP....

Volume Clouds Option

① Amount(0~1) : 대지의 구름 양을 설정합니다. 애니메이션 적용 시 구름이 사라지며, 건물이 나타나는 효과를 연출할 수 있습니다.

② Height(-250~250) : 대지에서 구름의 높이를 설정합니다.

③ Softness : 구름의 경계를 부드럽게 만듭니다.

④ Softness removal : Softness로 적용된 효과를 제거합니다.

⑤ Position : 구름의 위치를 설정합니다. 애니메이션 적용 시 구름이 이동하는 효과를 연출할 수 있습니다.

⑥ Speed : 구름의 이동 속도를 설정합니다.

⑦ Brightness : 구름의 밝기를 설정합니다.

⑧ Preset : Volume Clouds에서 제공하는 구름의 종류를 설정합니다.

03 Height를 '–29.5'로 설정하여 구름의 높이를 내려 줍니다.

04 Volume Clouds 창에서 Softness를 '0.3'으로 설정합니다. 하늘의 구름이 경계가 부드러워집니다. Softness removal을 '0.6'으로 설정하면 경계가 부드럽게 분포된 구름이 사라지는 것을 확인할 수 있습니다.

〈Softness : 0.3〉

〈Softness removal : 0.6〉

05 Speed를 '4.0'으로 설정합니다. 'Play' 아이콘(▶)을 클릭하면 구름이 이동하는 것을 확인할 수 있습니다.

06 Position을 '0.4'로 설정하여 구름의 위치를 이동한 다음, Brightness를 '1.0'으로 설정합니다. 화면의 구름이 밝아지면서 입체적인 구름이 생성됩니다.

07 Preset을 '0.8'로 설정하여 작은 구름을 만듭니다.

····TIP····

Preset은 Volume Clouds에서 제공하는 구름의 Type을 선택하는 옵션입니다.

08 완성된 Volume Clouds Effect 렌더링 이미지입니다.

····TIP····

참고용으로 Part_3 폴더의 'Volume Clouds. mp4' 파일을 재생하여 확인합니다.

7 지평선 위 구름 만들기 – Horizon Cloud

대지의 지평선에 구름을 표현하는 기능입니다.

01 Movie Effect 창에서 Volume Clouds와 Contrails Effect를 제거하기 위해 'Disable effect' 아이콘(⊘)을 클릭하여 비활성화합니다. 'Add Effect (FX)' 아이콘(**FX**)을 클릭합니다.

02 Select Clip Effect 창이 표시되면 [Weather and Climate] 탭을 클릭하고 'Horizon Cloud'를 더블클릭하여 선택합니다.

03 Horizon Cloud 창에서 Amount를 '1.0'으로 설정하면 지평선에 구름이 나타납니다. Type을 '0.6'으로 설정합니다. 지평선에 생성된 구름의 형태가 그림과 같이 변경됩니다.

····TIP·····

Horizon Cloud Option

① Amount : 지평선에 표현되는 구름의 양을 설정합니다.

② Type : 지평선에 표현되는 구름 형태의 종류를 설정합니다.

8 가을 단풍 효과 만들기 - Autumn Colors

특정 Layer에 포함된 나무 오브젝트의 색상을 일괄적으로 제어할 수 있는 기능입니다.

01   Movie Clip 창에서 'Add Effect (FX)' 아이콘
(■)을 클릭하여 Select Clip Effect 창을 표시합니다.
[Weather and Climate] 탭을 클릭하고 'Autumn
Colors'을 더블클릭하여 선택합니다.

02   Effect가 적용된 상태에서 오브젝트
를 편집하기 위해 'Build with Effect' 아이콘
(■)을 클릭합니다.

03   'Objects' 아이콘(■)을 클릭하고
Layer 창에서 2번 Layer을 선택합니다.

04 Nature → Select Object를 클릭합니다.

05 Nature Library 창이 열리면 [Palm] 탭의 두 번째 페이지에서 그림과 같이 높은 야자수를 더블클릭하여 선택합니다.

06 그림과 같이 철길 좌우를 클릭하여 여섯 개의 야자수 오브젝트를 배치합니다. 'Back' 아이콘(✔)을 클릭합니다.

07 세부 항목을 설정하기 위해 Autumn Colors를 클릭하여 이동합니다.

08 Hue를 '1.7'로 설정합니다. 야자수 오브젝트를 제외한 나무 오브젝트의 색상이 그림과 같이 변하는 것을 확인할 수 있습니다.

····TIP····

현재 작업 환경에는 두 개의 Layer가 존재하며, 처음 만들어진 나무와 식물은 1번 Layer, 야자수는 2번 Layer에 포함되어 있습니다.

··

09 Saturation를 '2.1'로 설정합니다. 나무 오브젝트의 채도가 높아집니다.

····TIP····

Autumn Colors Option

① Hue : 나무 오브젝트의 색조를 설정합니다.
② Saturation : 나무 오브젝트의 채도를 설정합니다.
③ Range : Autumn Colors Effect의 범위를 설정합니다.
④ Hue variation : 나무 오브젝트에 색조를 무작위로 적용합니다.
⑤ Layer : Autumn Color로 설정할 Layer를 선택합니다. 이때, Layer는 Object에서 적용합니다.

10　　Autumn Colors 창에서 Range를
'2'로 설정합니다.

11　　Hue variation를 '2.6'으로 설정합니
다. 나무 오브젝트의 색상이 무작위로 변경됩
니다.

12　　Autumn Colors 창에서 Layer를
'2'로 변경합니다. 지금까지 설정한 효과가 2번
Layer인 야자수 오브젝트에 적용되는 것을 확
인할 수 있습니다.

 CHAPTER

OO5 예술 효과 적용하기 – Sketch

유화, 수채화, 파스텔 등 다양한 그림 기법을 3D에 적용하여 직접 그림을 그린 것 같은 느낌을 주는 기능입니다. 홍보 영상 제작 시 2D 느낌의 그림에서 시작하여 3D로 넘어가는 효과를 줄 때 사용합니다.

1 테두리 강조 효과 적용하기 – Outlines　|예제 및 결과 파일| Part_3\Landscape_2.ls8

경계를 강조한 그림 효과를 연출하는 기능입니다. 경계선의 색상과 농도, 적용 강도를 설정할 수 있습니다.

01 루미온을 실행하고, 시작 화면의 [Load scene] 탭에서 'Load scene file from disk'를 선택합니다.
[열기] 대화상자가 표시되면 Part_3 폴더의 'Landscape_2.ls8' 파일을 선택하고 〈열기〉 버튼을 클릭합니다.

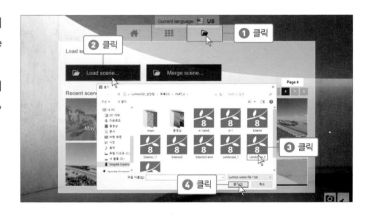

02 그림과 같이 Scene이 표시되면 'Movie' 아이콘(▤)을 클릭합니다.

03 효과를 적용하기 위해 'Add Effect (FX)' 아이콘(FX)을 클릭합니다.

04 Select Clip Effect 창이 표시되면 [Sketch] 탭을 클릭하고 'Outline'을 더블클릭하여 선택합니다.

05 Outline 창에서 Color Variation을 '0.2'로 설정합니다. 채도가 낮아진 것을 확인할 수 있습니다.

06 Transparency를 '0.9'로 설정합니다. Outlines Effect가 투명해지며, 3D 형상이 나타납니다.

07 Outline Density를 '1.6'으로 설정합니다. 경계선의 농도가 높아지면서 선이 선명해 집니다.
효과 확인이 끝나면 'Remove Effect' 아이콘 (■)을 클릭하여 적용한 효과를 제거합니다.

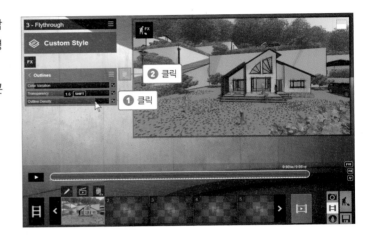

····TIP····

Outline Option

① Color Variation : Outline Effect의 색상을 설정합니다. 0은 컬러, 1은 회색, 2는 흰색을 나타냅니다.
② Transparency : Outline Effect의 적용 정도를 설정합니다.
③ Outline Density : 경계선의 농도를 설정합니다. 0으로 설정하면 경계선이 사라지고, 2로 설정하면 경계선이 선명해집니다.

····

2 예술 효과 적용하기 - Painting

직접 붓으로 그린 듯한 효과를 연출하는 기능입니다. 붓의 입자 크기뿐만 아니라 스타일과 방향까지 세밀하게 설정할 수 있습니다.

01 'Add Effect (FX)' 아이콘(FX)을 클릭하여 Select Clip Effect 창을 표시합니다. [Sketch] 탭을 클릭하고 'Painting'을 더블클릭하여 선택합니다.

02 그림을 그린 듯한 효과를 적용하기 위해 Painting 창에서 Smear Size를 '1.7'로 설정합니다.

····TIP·····

Painting Option

① Smear size : 그림의 뭉개기 효과의 입자 크기(붓의 크기)를 설정합니다.
② Style : 그림 스타일의 종류를 설정합니다.
③ Impression : 그림 효과의 적용 강약을 설정합니다. 0은 3D 이미지, 1은 Painting Effect를 나타냅니다.
④ Details : 그림 효과에서 경계의 상세 정도를 설정합니다. 0은 추상화, 2는 선명한 이미지를 나타냅니다.
⑤ Random offset : 붓칠의 방향을 무작위로 변경합니다.

03　Style을 '2.0'으로 설정합니다. Paint의 적용 기법이 달라집니다. Impression을 '1.8'로 설정하면 Painting Effect가 강해지면서 회화적인 느낌이 나는 것을 확인할 수 있습니다.

〈Style : 2.0〉　　　　　　　　　　　　　　　　〈Impression : 1.8〉

04　Details을 '1.6'으로 설정합니다. Painting Effect가 정교하게 적용됩니다. Random offset를 '1.3'으로 설정하면 붓칠 방향이 무작위로 변합니다.

〈Details : 1.6〉　　　　　　　　　　　　　　　　〈Random offset : 1.3〉

05　효과 확인이 끝나면 'Remove Effect' 아이콘(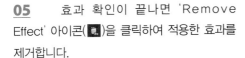)을 클릭하여 적용한 효과를 제거합니다.

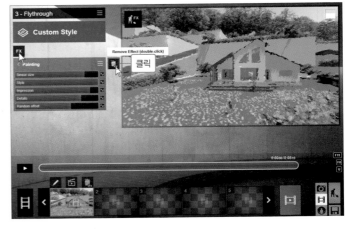

3 파스텔 효과 만들기 − Pastel Sketch

부드러운 느낌의 파스텔 그림 효과를 연출하는 기능입니다.

01 'Add Effect (FX)' 아이콘(FX)을 클릭하여 Select Clip Effect 창을 표시합니다.
[Sketch] 탭을 클릭하고 'Pastel Sketch'을 더블클릭하여 선택합니다.

02 파스텔로 그린 듯한 효과를 적용하기 위해 Pastel Sketch 창에서 'PastalMix'를 선택하여 적용합니다.

····TIP····

Pastel Sketch Option

① Accuracy : 파스텔 효과의 정교한 표현 정도를 설정합니다.
② Concept Style : 파스텔 효과의 스타일 종류를 설정합니다. 0은 컬러/경계 없음, 1은 컬러/경계 표현, 2는 회색/경계 표현을 나타냅니다.
③ Outline Density : 테두리 표현 농도를 설정합니다.
④ Line Length : 선의 길이를 설정합니다.
⑤ Outline Fadeout : 테두리 선을 날려서 표현합니다.
⑥ Outline Style : 테두리 스타일 종류를 설정합니다. 0은 테두리 없음, 2는 테두리 강조를 나타냅니다.
⑦ White Outline : 이미지 농도 표현 종류를 설정합니다. 0은 밝고 불분명한 이미지, 1은 어둡고 선명한 이미지를 나타냅니다.
⑧ Color Edge : 색상 경계의 선명도를 설정합니다.
⑨ Depth Edge : 수치 값이 클수록 경계선을 중심으로 Fall off로 선이 두꺼워집니다.
⑩ Edge Thickness : 테두리 선의 두께를 설정합니다.

03 Accuracy를 '1.6', Concept style 을 '1.4'로 설정하여 정교함 정도와 파스텔 효과 의 종류를 설정합니다.

04 Outline Density를 '0.6', Outline Fadeout을 '0.5'로 설정합니다. 테두리 선의 농도가 진해지고 끝이 날려서 표현된 것을 확인할 수 있습니다.

〈Outline Density : 0.6〉

〈Outline Fadeout : 0.5〉

05 Outline Style을 '1.9', White Outline를 '0.3'으로 설정합니다. 테두리가 강조되면서 밝고 불분명한 이미지로 변합니다.

〈Outline Style : 1.9〉

〈White Outline : 0.3〉

06 Color Edge를 '0.8'로 설정합니다. 색상 경계면이 선명해진 것을 확인할 수 있습니다.

07 Edge Thickness를 '0.3'으로 설정하여 테두리 두께를 조절합니다.

08 효과 확인이 끝나면 'Remove Effect' 아이콘(🗑)을 클릭하여 적용한 효과를 제거합니다.

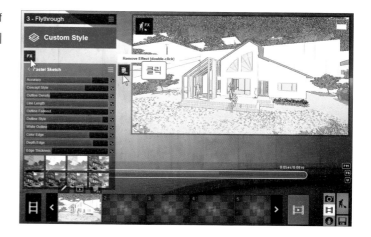

4 수채화 효과 적용하기 – Watercolor

수채화로 그림을 그린 듯한 효과를 연출하는 기능입니다. 이미지의 깊이와 선명도를 조절하여 정교하게 표현할 수 있습니다.

01 효과를 적용하기 위해 'Add Effect (FX)' 아이콘(FX)을 클릭합니다.

02 Select Clip Effect 창이 표시되면 [Sketch] 탭을 클릭하고 'Watercolor'을 더블클릭하여 선택합니다.

03 수채화 물감으로 그린 듯한 효과를 적용하기 위해 Watercolor 창에서 Accuracy를 '2.0'으로 설정합니다.

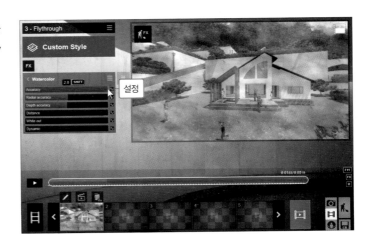

04 Radial accuracy를 '2'로 설정합니다. 주변 이미지가 정교하게 표현되는 것을 확인할 수 있습니다.

05 Depth Accuracy를 '1.3'으로 설정합니다. 깊이있는 이미지가 표현됩니다.

···TIP····························

Watercolor Option

① Accuracy : 수채화 효과의 선명도를 설정합니다.

② Radial accuracy : 이미지 주변 원형의 선명도를 설정합니다.

③ Depth accuracy : 이미지 깊이의 거리에 따른 선명도를 설정합니다.

④ Distance : 거리에 따른 이미지 선명도를 설정합니다.

⑤ White out : 이미지 주변을 흰색의 원형으로 날려 줍니다.

⑥ Dynamic : 이미지에 노이즈가 섞인 느낌을 만듭니다. 동영상 제작 시 역동적인 영상을 표현할 수 있습니다.

06 Distance를 '1.9'로 설정합니다. 거리에 따라 이미지의 선명도가 달라집니다.

07 Dynamic을 '1.6'으로 설정합니다. 동영상 제작 시 화면에 얼룩과 같은 이미지가 움직이는 것을 확인할 수 있습니다.

08 효과 확인이 끝나면 'Remove Effect' 아이콘(🗑)을 클릭하여 적용한 효과를 제거합니다.

5 스케치 효과 적용하기 - Sketch

색연필로 그림을 그린 듯한 효과를 연출하는 기능입니다. 스타일을 변경할 수 있고 명도차와 채도의 강약을 조절할 수 있습니다.

01 'Add Effect (FX)' 아이콘(FX)을 클릭하여 Select Clip Effect 창을 표시합니다. [Sketch] 탭을 클릭하고 'Sketch'를 더블클릭하여 선택합니다.

02 색연필로 그린 듯한 효과를 적용하기 위해 Sketch 창에서 Accuracy를 '1.6'으로 설정합니다. 이미지 경계가 선명하게 표현됩니다.

····TIP·····

Sketch Option

① Accuracy : Sketch Effect의 선명도를 설정합니다.
② Sketch Style : Sketch Effect의 스타일을 변경합니다. 수치 값에 따라 달라집니다.
③ Contrast : 명도 대비 차이를 설정합니다.
④ Coloring : 채도의 강약을 설정합니다.
⑤ Outline Fadeout : 경계선 사라짐 효과를 설정합니다.
⑥ Dynamic : 이미지에 노이즈가 섞인 느낌을 만듭니다. 동영상 제작 시 역동적인 영상을 표현할 수 있습니다.

03 Sketch style을 '0.6'으로 설정하여 Sketch Effect 스타일을 변경합니다.

04 Contrast를 '1.6'으로 설정합니다. 이미지 색상에 대비를 주어 색상이 선명해지는 것을 확인할 수 있습니다.

05 Coloring을 '1.6'으로 설정합니다. 이미지의 채도가 높아집니다.

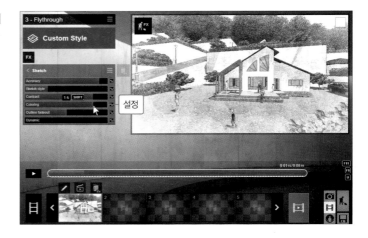

06 Outline fadeout을 '2'로 설정합니다. 이미지에서 경계선이 사라집니다.

07 Dynamic을 '1.1'으로 설정합니다. 앞서 Watercolor Effect와 같은 기능으로, 동영상 제작 시 화면에 얼룩과 같은 이미지가 움직이는 것을 확인할 수 있습니다.

08 효과 확인이 끝나면 'Remove Effect' 아이콘(🗑)을 클릭하여 적용한 효과를 제거합니다.

6 만화 효과 나타내기 1 – Manga

미국의 만화 그림체와 같은 효과를 연출하는 기능입니다. 옵션 설정 값에 따라 정교하거나 단순한 이미지로 표현할 수 있고, 점 패턴을 적용할 수도 있습니다.

01 'Add Effect (FX)' 아이콘(FX)을 클릭하여 Select Clip Effect 창을 표시합니다. [Sketch] 탭을 클릭하고 'Manga'를 더블클릭하여 선택합니다.

02 만화처럼 그린 듯한 효과를 적용하기 위해 Fill method를 '1.8', Outline vs fill을 '0.8'로 설정합니다.

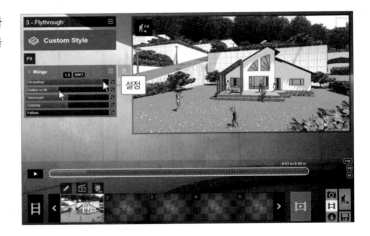

····TIP····

Manga Option

① Fill method : 인접 색을 묶어서 표현합니다. 0은 상세한 이미지, 2는 인접 색을 통일한 단순한 이미지를 나타냅니다.

② Outline vs fill : 채색 대 선분 표현 정도를 설정합니다. 0은 채색, 1은 채색과 경계, 2는 흰색 배경과 경계선을 나타냅니다.

③ Tonecount : 이미지의 밝기를 설정합니다. 그림자가 진 곳에 이미지를 선명하게 조절할 수 있습니다.

④ Coloring : 채도의 강약을 설정합니다.

⑤ Pattern : 점 패턴 효과의 표현 유무를 설정합니다.

03 Tonecount을 '0.8', Coloring을 '1.2'
로 설정하여 이미지 밝기와 채도를 조절합니다.

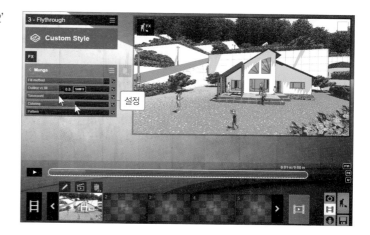

04 Pattern을 '2.0'으로 설정합니다. 화
면에 점으로 된 패턴이 나타납니다.

05 효과 확인이 끝나면 'Remove Eff
ect' 아이콘(🗑)을 클릭하여 적용한 효과를 제
거합니다.

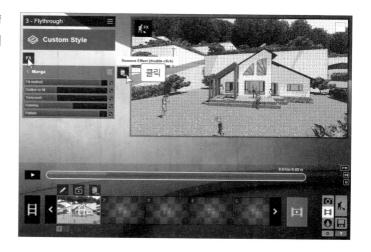

7 만화 효과 적용하기 2 – Cartoon

일러스트 느낌의 효과를 연출하는 기능입니다. 옵션 설정 값에 따라 채도와 대비를 조절할 수 있습니다.

01 'Add Effect (FX)' 아이콘(FX)을 클릭하여 Select Clip Effect 창을 표시합니다. [Sketch] 탭을 클릭하고 'Cartoon'을 더블클릭하여 선택합니다.

02 일러스트로 그린 듯한 효과를 적용하기 위해 Fill to White를 '0.2'로 설정합니다.

....TIP......

Cartoon Option

① Outline–width : 테두리 선의 두께를 설정합니다.
② Outline–transparency : 테두리 선의 투명도를 설정합니다.
③ Posterize–amount : 이미지의 색상 표현을 설정합니다. 0은 선명한 컬러, 2는 흰색을 나타냅니다.
④ Posterize–curve : 이미지의 색상 대비를 설정합니다.
⑤ Posterize–black level : 이미지에서 어두운 부분의 색상 밝기를 설정합니다.
⑥ Saturation : 색상 채도를 설정합니다.
⑦ Fill to white : 테두리 안의 이미지를 흰색으로 채웁니다. 수치 값이 클수록 채워지는 정도가 달라집니다.

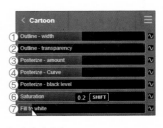

03 Outline–Width를 '2.0', Outline–transparency를 '0.2'로 설정합니다. 테두리 선의 두께와 투명도가 변경됩니다.

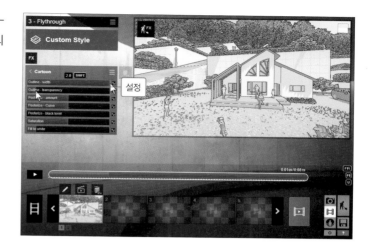

04 Posterize–amount를 '0.6', Posterize–curve을 '1.8'로 설정하여 이미지 색상과 대비를 조절합니다.

05 Posterize–black level을 '2.0'으로 설정하여 어두운 부분의 밝기를 조절합니다.

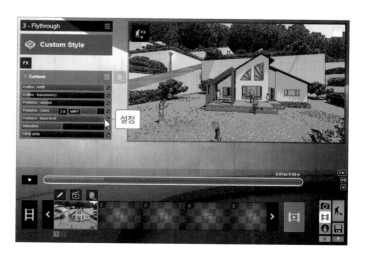

06 Saturation을 '1.7'로 설정합니다. 이미지 채도가 높아진 것을 확인할 수 있습니다.

07 최종 결과물을 확인합니다.

08 효과 확인이 끝나면 'Remove Effect' 아이콘(🗑)을 클릭하여 적용한 효과를 제거합니다.

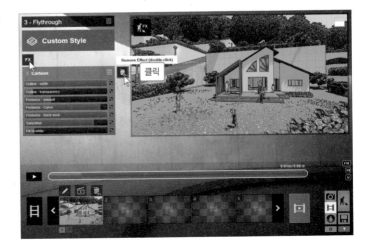

8 유화 기법 적용하기 – Oil Painting

유화 느낌의 효과를 연출하는 기능입니다. 옵션 설정 값에 따라 유화 기법 스타일을 변경할 수 있고, 경계 간 선명도를 조절할 수도 있습니다.

01 'Add Effect (FX)' 아이콘(FX)을 클릭하여 Select Clip Effect 창을 표시합니다. [Sketch] 탭을 클릭하고 'Oil Painting'을 더블클릭하여 선택합니다.

02 Brush Detail을 '0.5'로 설정합니다. 붓칠한 듯한 효과가 이미지에 적용됩니다.

TIP

Oil Painting Option

① Paint Style : 수치에 따른 다양한 유화 기법을 선택합니다.
② Brush Detail : 붓칠의 선명도와 붓칠 효과의 길이를 설정합니다.
③ Hard Edge : 붓칠 간 경계의 선명도를 설정합니다.

03 Paint Style을 '0.4'로 설정하여 유화
기법을 변경합니다.

04 Hard Edges를 '1.0'으로 설정합니
다. 경계면이 선명해지는 것을 확인할 수 있습
니다.

05 효과 확인이 끝나면 'Remove Eff
ect' 아이콘(■)을 클릭하여 적용한 효과를 제
거합니다.

9 블루프린트 효과 적용하기 – Blueprint

청사진을 그리는 느낌의 효과를 연출하는 기능입니다. 옵션 값을 0.1 단위로 설정하면 아홉 종류의 효과 유형 중 하나를 선택하여 적용할 수 있습니다.

01 'Add Effect (FX)' 아이콘(**FX**)을 클릭하여 Select Clip Effect 창을 표시합니다.
[Sketch] 탭을 클릭하고 'Blueprint'를 더블클릭하여 선택합니다.

02 Blueprint 창에서 Time을 '0.7'로 설정하여 유리 재질을 파란색으로 표현하고, Grid Scale을 '0.7'로 설정하여 십자 패턴의 간격을 조절합니다.

···TIP···

Blueprint Option

① Time : 수치에 따른 Blueprint Effect를 설정합니다. 0.1 단위로 변경됩니다.
  · 0.0~0.1 : 수평 그리드 생성
  · 0.1~0.2 : 수직 그리드 생성
  · 0.2~0.3 : 이미지 하단에서 위쪽 방향으로 사물의 경계선 생성
  · 0.3~0.6 : 이미지 오른쪽에서 왼쪽 방향으로 굵은 선으로 경계선 덧칠
  · 0.6~0.7 : 유리 재질을 파란색으로 표현
  · 0.7~0.8 : 재질과 테두리 표현 이미지
  · 0.8~1.0 : Blueprint Effect 없음
② Grid Scale : 테두리 안쪽에 표현되는 십자 패턴의 간격을 설정합니다.

CHAPTER

006 색상 보정 효과 적용하기 – Colors

Colors는 영상 색상의 밝기, 채도, 선명도 등을 조절하고, 영상의 시작과 끝에 부드럽게 나타나고 사라지는 효과를 적용하는 기능입니다.

1 영상 색상 보정하기 – Color Correction |예제 및 결과 파일| Part_3\Landscape_3.ls8

영상 색상을 보정한 효과를 연출하는 기능입니다. 기온 변화에 따른 색상을 더할 수 있습니다.

01 루미온을 실행하고, 시작 화면의 [Load scene] 탭에서 'Load scene file from disk'를 선택합니다.
[열기] 대화상자가 표시되면 Part_3 폴더의 'Landscape_3.ls8' 파일을 선택하고 〈열기〉 버튼을 클릭합니다.

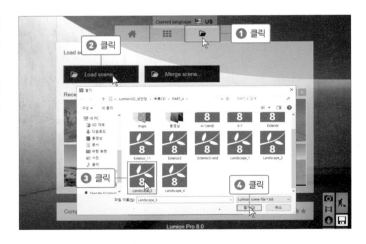

02 그림과 같이 Scene이 표시되면 'Movie' 아이콘(▦)을 클릭합니다.

03 'Add Effect (FX)' 아이콘(FX)을 클릭하여 Select Clip Effect 창을 표시합니다. [Color] 탭을 클릭하고 'Color Correction'을 더블클릭하여 선택합니다.

04 Temperature와 Tint를 '0.2'로 설정하여 색상을 변경합니다.

····TIP········

Color Correction Option

① Temperature(−1~0) : 기온 변화에 따른 특정 색상을 선택하여 더합니다.
② Tint : Temperature에서 적용된 색상의 보색 적용 정도를 설정합니다.
③ Vibrance : Temperature에서 적용된 색상의 밝고 짙음 정도를 설정합니다.
④ Brightness : 영상 색상의 밝기를 설정합니다.
⑤ Contrast : 영상 색상의 대비를 설정합니다.
⑥ Saturation : 영상의 채도를 설정합니다.
⑦ Gamma : 가장 어두운 색상 값을 설정합니다.
⑧ Limit Low : 어두운 색의 한계점을 설정합니다.
⑨ Limit Hight : 밝은 색의 한계점을 설정합니다.

05 Vibrance를 '0.5', Brightness를 '0.6'으로 설정합니다.

06 Contrast와 Saturation을 '0.7'로 설정하여 색상 대비 차를 줄이고 채도를 내려줍니다.

07 Limit Low를 '0.017', Limit High를 '0.9668'로 설정합니다. 이때, 소수점 단위로 미세하게 수치를 설정하기 위해 Shift 키를 누른 채 조절합니다.

2 Analog Color Lab 적용하기

아날로그 느낌의 효과를 연출하는 기능입니다. Style 옵션 값을 조절하면 열두 종류의 스타일 유형 중 하나를 선택하여 적용할 수 있습니다.

01 'Add Effect (FX)' 아이콘(**FX**)을 클릭하여 Select Clip Effect 창을 표시합니다.
[Color] 탭을 클릭하고 'Analog Color Lab'을 더블클릭하여 선택합니다.

02 Style을 '1.4', Amount를 '1.2'로 설정하여 아날로그 느낌으로 만듭니다.

····TIP·····

Analog Color Lab Option
① Style(0~2) : 아날로그 효과의 색상 스타일을 선택합니다. 0.1 단위로 변경됩니다.
② Amount : 선택된 아날로그 효과의 색상 적용 강약을 설정합니다.

03 완성된 Analog Color Lab Effect 렌더링 이미지입니다. 효과 확인이 끝나면 'Remove Effect' 아이콘(**🗑**)을 클릭하여 적용한 효과를 제거합니다.

3 페이드 인/아웃 적용하기 – Fade In/Out

영상의 시작과 끝에 어둡거나 밝게 만드는 기능입니다. 흐림 효과도 적용할 수 있습니다.

01   'Add Effect (FX)' 아이콘(**FX**)을 클릭하여 Select Clip Effect 창을 표시합니다. [Color] 탭을 클릭하고 'Fade In/Out'을 더블클릭하여 선택합니다.

02   Fade In/Out 창의 Settings에서 'Blur'를 선택합니다. Time bar를 드래그하여 영상의 끝 부분으로 이동하면 영상이 시작하고 끝나는 부분에서 Blur Effect가 적용되어 흐려지는 것을 확인할 수 있습니다.

TIP

Fade In/Out Option

① In duration(s) : 영상 시작 부분에서 이미지가 점차 나타나는데 걸리는 시간을 초 단위로 설정합니다.

② Out duration(s) : 영상 끝부분에서 이미지가 점차 사라지는데 걸리는 시간을 초 단위로 설정합니다.

③ Setting : 영상 시작과 끝부분의 표현 방법을 선택합니다.
   ⓐ Black : 시작과 끝을 검은색으로 표현합니다.
   ⓑ White : 시작과 끝을 흰색으로 표현합니다.
   ⓒ Blur : 시작과 끝을 흐림 표현합니다.
   ⓓ Black Blur : 시작과 끝을 검은색 배경으로 흐림 표현합니다.

4 비네트 효과 적용하기 − Vignette

영상의 주변을 원형으로 어둡게 만들어 몰입도를 높이는 기능입니다.

01 'Add Effect (FX)' 아이콘(FX)을 클릭하여 Select Clip Effect 창을 표시합니다. [Color] 탭을 클릭하고 'Vignette'를 더블클릭하여 선택합니다.

02 Vignette amount를 '0.3', Vignette Softness를 '0.8'로 설정하여 주변을 어둡게 만듭니다.

····TIP·······················

Vignette Option

① Vignette Amount : 영상 주변을 원형으로 어둡게 처리합니다. 수치 값에 따라 효과의 강약을 조절할 수 있습니다.
② Vignette Softness : Vignette 경계선의 부드러움을 조절합니다. Vignette Effect를 적용한 후 경계선을 부드럽게 조절하면 보다 자연스러운 영상을 만들 수 있습니다.

5 깨끗하고 선명하게 표현하기 – Sharpen

루미온에서는 기본적으로 원근감을 표현하기 위해 거리에 따라 Blur Effect를 적용하고 있습니다. Sharpen을 활용하면 이런 흐림 효과를 제거하여 깨끗한 영상을 만들어 줍니다.

01 Movie Effect 창에서 2–Flythrough를 선택하고, 효과를 적용하기 위해 'Add Effect (FX)' 아이콘(FX)을 클릭합니다.

02 Select Clip Effect 창이 표시되면 [Color] 탭을 클릭하고 'Sharpen'을 더블클릭하여 선택합니다.

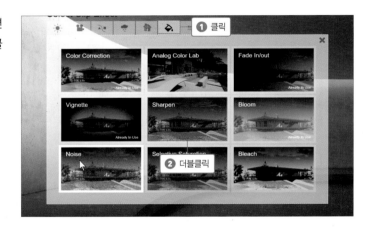

03 Intensity를 '2.0'으로 설정합니다. 원경의 수평선에 적용된 흐림 효과가 사라지고 선명하게 나타납니다.

········TIP········

Sharpen Option

① Intensity : 영상의 선명도를 설정합니다.

04　　현재 Scene을 렌더링하여 만든 이미지입니다. 먼 곳까지 선명하게 표현된 것을 확인한 후 1-Flythrough로 이동하고, Vignette와 Fade In/out Effect의 'Disable Effect' 아이콘(⊘)을 클릭하여 비활성화합니다.

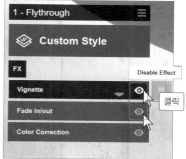

6 몽환적으로 표현하기 - Bloom

따뜻한 느낌을 연출하는 기능으로, Blur Effect를 더해 부드러운 영상을 만들 수 있습니다.

01　　'Add Effect (FX)' 아이콘(FX)을 클릭하여 Select Clip Effect 창을 표시합니다.
[Color] 탭을 클릭하고 'Bloom'을 더블클릭하여 선택합니다.

02　　Bloom 창에서 Amount를 '0.6'으로 설정합니다.

····TIP····

Bloom Option
① Amount : 난색 계열의 색에 Blur Effect를
　적용하여 부드럽고 포근한 느낌을 만듭니다.

7 노이즈 추가하기 - Noise

영상에 지글거리는 느낌의 노이즈를 추가하는 기능입니다.

01 'Add Effect (FX)' 아이콘(FX)을 클릭하여 Select Clip Effect 창을 표시합니다.
[Color] 탭을 클릭하고 'Noise'를 더블클릭하여 선택합니다.

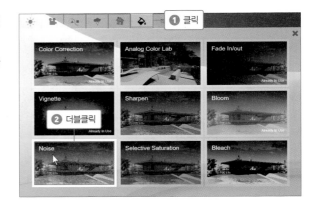

02 Noise 창에서 Color를 '0.7'로 설정합니다. 화면에 색상을 띤 노이즈가 나타나는 것을 확인할 수 있습니다.

····TIP····

Noise Option
① Intensity : 노이즈의 강약을 설정합니다.
② Color : 노이즈의 RGB 색상 효과를 설정합니다. 0은 모노톤, 1은 컬러톤을 나타냅니다.
③ Size : 노이즈 입자의 크기를 설정합니다.

03 Size를 '0.5'로 설정하여 노이즈 입자의 크기를 크게 만듭니다. 효과 확인이 끝나면 'Remove Effect' 아이콘(🗑)을 클릭하여 적용한 효과를 제거합니다.

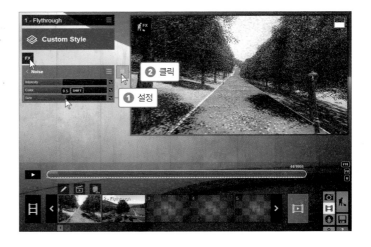

8 채도 조절하기 – Selective Saturation

작업 화면에서 임의의 색상을 선택하여 채도를 더하고 빼는 기능입니다.

01   'Add Effect (FX)' 아이콘(⚡)을 클릭하여 Select Clip Effect 창을 표시한 다음 [Color] 탭을 클릭하고, 'Selective SaturationColor'를 더블클릭하여 선택합니다. Time Bar를 드래그하여 끝까지 이동한 후 Color Selection 을 '0.95'로 설정하고, 화면에서 채도를 변경할 색상을 선택합니다. Saturation을 '0.4'로 설정하여, 현재 선택된 색상의 채도를 낮춥니다.

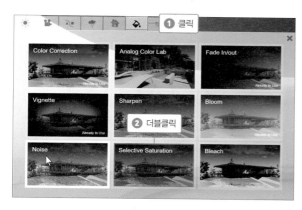

02   Darkness를 '0.3'으로 설정하여 선택한 색상을 밝게 만들고, 나머지 색상의 색조를 조절하기 위해 Residual Color Desaturation을 '0.045'로 설정합니다.

····TIP····

Selective Saturation Option

① Color Selection : 현재 Scene에서 특정 이미지의 색조를 선택합니다. Photoshop의 Hue 기능과 같습니다.

② Range : Color Selection 선택한 색조의 적용 범위를 설정합니다.

③ Saturation : Color Selection 선택한 색조의 채도를 설정합니다.

④ Darkness : Color Selection에서 선택한 색조의 명도를 설정합니다.

⑤ Residual Color Desaturation : Color Selection에서 선택하지 않은 색조를 설정합니다.

9 블리치 효과 적용하기 - Bleach

화면에서 전체 색조의 강약을 조절하는 기능입니다. 수치 값을 최대로 올리면 무채색으로 표현할
수 있습니다.

01　'Add Effect (FX)' 아이콘(🅵🅇)을 클릭하여
Select Clip Effect 창을 표시합니다.
[Color] 탭을 클릭하고 'Bleach'를 더블클릭하여 선택합
니다.

02　Bleach 창에서 Amount를 '0.2'로
설정합니다.

·····TIP·····

Bleach Option
① Amount : 색조의 강약을 설정합니다.

03　완성된 Bleach Effect 렌더링 이미
지입니다.

007 다양한 효과 적용하기 – Various

Various는 동영상과 이미지에 적용되는 효과를 모아놓은 곳입니다. 영상 제작 시 회사 로고 이미지나 설명하는 글 등을 추가하려면 영상 편집 툴을 사용해야 하는데, 이 기능을 사용하면 이런 번거로운 작업을 루미온에서 해결할 수 있습니다.

1 오버레이 적용하기 – Image Overlay

Edit에서 선택한 이미지를 현재 Scene에 추가하는 기능입니다.

|예제 및 결과 파일| Part_3\Landscape_4.ls8, Open.jpg, ImageOverlay.mp4

01 루미온을 실행하고, 시작 화면의 [Load scene] 탭에서 'Load scene file from disk'를 선택합니다.

[열기] 대화상자가 표시되면 Part_3 폴더의 'Landscape_4.ls8' 파일을 선택하고 〈열기〉 버튼을 클릭합니다.

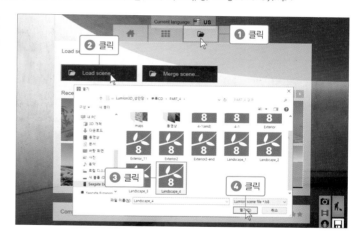

02 그림과 같이 Scene이 표시되면 'Movie' 아이콘(田)을 클릭합니다.

03 'Entire Movie' 아이콘(圁)을 클릭하여 활성화하고, 효과를 적용하기 위해 'Add Effect (FX)' 아이콘(▥)을 클릭합니다.

04 Select Clip Effect 창이 표시되면 [Various] 탭을 클릭하고 'Image Overlay'를 더블클릭하여 선택합니다.

05 Image Overlay 창에서 'Choose File' 아이콘(▤)을 클릭합니다.
[열기] 대화상자가 표시되면 Part_3 폴더 내부의 Image 폴더에서 'Open.jpg' 파일을 선택하고 〈열기〉 버튼을 클릭합니다.

06 Time Bar를 드래그하여 그림과 같이 이동하고, Fade 오른쪽의 'Create Keyframe' 아이콘(■)을 클릭하여 키프레임을 만듭니다. 같은 방법으로 키프레임을 하나 더 만듭니다.

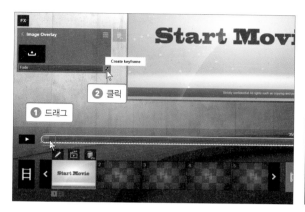

07 현재 키프레임에서 Image Overlay 창의 Fade를 '0'으로 설정합니다.

···TIP·

Image Overlay Option
① Choose File : 이미지를 선택합니다. BMP, JPG, DDS, PNG, PSD, TIF 파일을 불러올 수 있습니다.
② Fade : 불러온 이미지의 투명 값을 설정합니다.

08 렌더링하여 완성한 동영상을 확인한 다음, 효과 확인이 끝나면 'Remove Effect' 아이콘(■)을 클릭하여 적용한 효과를 제거합니다.

···TIP·

참고용으로 Part_3 폴더의 'ImageOverlay. mp4' 파일을 재생하여 확인합니다.

2 타이틀 추가하기 – Titles

|예제 및 결과 파일| Part_3\Lumion Logo.jpg, Title.mp4

현재 Scene을 소개하는 글과 회사 로고 이미지 등을 화면에 추가할 때 사용하는 기능입니다.

01 'Add Effect (FX)' 아이콘(FX)을 클릭하여 Select Clip Effect 창을 표시합니다.
[Various] 탭을 클릭하고 'Title'를 더블클릭하여 선택합니다.

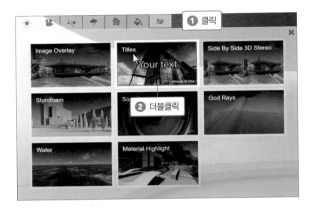

02 Titles 창에서 그림과 같이 '루미온 Logo'를 입력한 다음, 'Edit' 아이콘(✎)을 클릭합니다.

···TIP···

Titles Option

① Edit : 로고 이미지와 화면에 표현된 글자의 스타일을 선택하여 적용합니다.
② Start At(%) : 로고 이미지와 글자가 전체 영상 중 몇 퍼센트 지점에서 등장할지 설정합니다.
③ Duration(seconds) : 로고 이미지와 글자가 화면에 나타나는 시간을 설정합니다. 0~60초까지 설정할 수 있습니다.
④ In/out Duration(seconds) : 로고 이미지와 글자가 애니메이션 효과로 나타나고 사라지는 시간을 설정합니다. 0~60초까지 설정할 수 있습니다.
⑤ Text Size : Title로 입력한 글자의 크기를 설정합니다.
⑥ Logo Size : Edit에서 선택된 로고 이미지의 크기를 설정합니다.

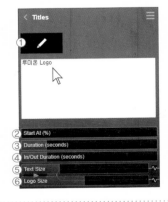

03 Style 창이 표시되면 입력한 글자의
효과와 서체를 그림과 같이 선택합니다.

04 글자 상자의 색을 선택하고, Logo
창에서 No Image를 클릭합니다.
[열기] 대화상자가 표시되면 Part_3 폴더 내부
의 Image 폴더에서 'Lumion Logo.jpg' 파일
을 선택하고 〈열기〉 버튼을 클릭합니다.

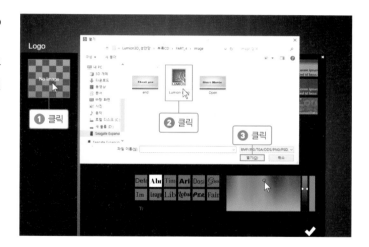

05 Start At(%)를 '10%', Duration을 '6
초'로 설정합니다.

06 Text Size와 Logo Size를 '1.8'로
설정하여 크기를 조절하고, 렌더링하여 완성한
동영상을 확인합니다.

····TIP····

참고용으로 Part_3 폴더의 'Title.mp4' 파일을
재생하여 확인합니다.

····TIP····

Side By side 3D Stereo

Side By side 3D Stereo는 입체 영상을 만드는 기능입니다.

① Eye distance : 좌우 눈 사이 거리를 나타냅니다. 수치 값이 커지면 입체적인 효과를 줄 수 있습니다.
② Focus distance : 초점 거리를 설정합니다.
③ Settings : 이미지가 두 개일경우, 생성 순서를 설정합니다.
　　ⓐ Left-Right :왼쪽 생성 후 오른쪽 생성
　　ⓑ Right-left : 오른쪽 생성 후 왼쪽 생성

····TIP····

Sound

Sound는 영상에 배경 음악을 넣는 기능으로, WAV 파일만 적용됩니다.

① Choose File : 삽입할 WAV 파일을 선택합니다.
② Preview : 선택한 음원 파일을 미리 들을 수 있습니다. 음원 파일이 선택된 상태일 때만 나타납니다.
③ SFX : Object Sound로 만들어 놓은 효과음의 볼륨을 설정합니다.
④ Music : 선택한 음원 파일의 볼륨을 설정합니다.

3 스티로폼 효과 적용하기 - Styrofoam

스티로폼으로 모델링한 느낌의 효과를 연출하는 기능입니다.

01 'Add Effect (FX)' 아이콘(FX)을 클릭하여 Select Clip Effect 창을 표시합니다.
[Various] 탭을 클릭하고 'Styrofoam'을 더블클릭하여 선택합니다.

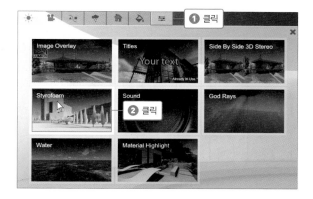

02 Styrofoam 창에서 Diffusion을 '0.1', Noise reduction을 '0.5'로 설정합니다.

·····TIP·····

Styrofoam Option
① Diffusion : 스티로폼 효과의 적용 강약을 설정합니다.
② Noise reduction : Noise 입자 Edge의 Fall off 범위를 설정합니다.

03 효과 확인이 끝나면 'Remove Effect' 아이콘(🗑)을 클릭하여 적용한 효과를 제거합니다.

4 서광 적용하기 – God Rays

|예제 및 결과 파일| Part_3\God Rays.mp4

빛줄기 안개 효과를 연출하는 기능으로, 현재 Scene에 빛이 있어야 사용 가능합니다.

01   God Ray Effect를 적용하려면 먼저 Sun Effect가 적용되어야 합니다.
'Add Effect (FX)' 아이콘(FX)을 클릭하여 Select Clip Effect 창을 표시하고, [Light and Shadow] 탭에서 'Sun'을 더블클릭하여 선택합니다.

02   태양이 앞쪽에 빛을 보낼 수 있도록 Sun height를 '0.3', Sun heading을 '–0.3'으로 설정합니다. Select Clip Effect 창으로 이동하기 위해 Add Effect (FX)' 아이콘(FX)을 클릭합니다.

········ TIP ········
God Ray는 빛줄기 안개 효과이기 때문에 현재 Scene에 빛을 먼저 만들어 주어야 합니다.
·······························

03   [Various] 탭을 클릭하고 'God Rays'를 더블클릭하여 선택합니다.

04 God Rays 창에서 Decay를 '0.4', Length를 '0.9'로 설정합니다.

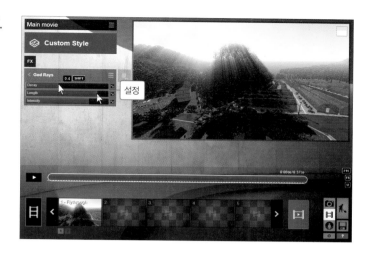

05 Intensity를 '4.4'로 설정하여 빛의 밝기가 자연스러워지도록 조절합니다.

····TIP····

God Rays Option

① Decay : God Rays Effect의 쇠퇴 정도를 설정합니다. 1로 설정할 경우 쇠퇴 효과가 없습니다.

② Length : 안개의 길이를 설정합니다.

③ Intensity : 안개의 농도를 설정합니다.

06 렌더링하여 완성한 동영상을 확인하고, 효과 확인이 끝나면 'Remove Effect' 아이콘(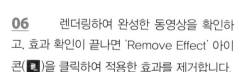)을 클릭하여 적용한 효과를 제거합니다.

····TIP····

참고용으로 Part_3 폴더의 'God Rays.mp4' 파일을 재생하여 확인합니다.

5 수공간 추가하기 - Water

물을 Movie Effect 창에서 제어하는 기능으로, 물 속에 잠긴 듯한 효과를 연출합니다.

01 'Add Effect (FX)' 아이콘(**FX**)을 클릭하여 Select Clip Effect 창을 표시합니다.
[Various] 탭을 클릭하고 'Water'를 더블클릭하여 선택합니다.

02 Underwater를 'On' 상태로 설정합니다. Time Bar를 드래그하여 끝 부분으로 이동하면 그림과 같이 물 속 풍경이 연출됩니다.

···TIP···

Water Option
① Underwater(On/Off) : 현재 Scene을 물 속으로 만듭니다.
② Ocean(On/Off) : 화면에 Ocean Effect를 켜고/끄는 효과입니다.

03 Time Bar를 드래그하여 시작 부분으로 이동하고, Underwater, Ocean을 모두 'OFF' 상태로 설정합니다. 지형에서 만들어 놓은 바다가 현재 Scene에서 사라집니다. Ocean을 'On' 상태로 설정하면 다시 바다가 나타납니다.

〈Underwater, Ocean : OFF〉

〈Ocean : ON〉

6 재질에 하이라이트 추가하기 – Material Highlight

현재 Scene에서 적용된 재질 중 Edit로 선택된 재질에 하이라이트 효과를 설정하는 기능입니다.

|예제 및 결과 파일| Part_3\Material Highlight.mp4

01 'Add Effect (FX)' 아이콘(FX)을 클릭하여 Select Clip Effect 창을 표시합니다.
[Various] 탭을 클릭하고 'Material High light'를 더블 클릭하여 선택합니다.

02 Material Hightlight 창에서 'Edit' 아이콘(✎)을 클릭한 다음, 화면에서 도로 재질을 선택하고 'OK' 아이콘(✔)을 클릭합니다.

····TIP····

참고용으로 Part_3 폴더의 'Material Highlight.mp4' 파일을 재생하여 확인합니다.

03 하이라이트 색상을 그림과 같이 노란색으로 지정합니다. Style을 '1'로 설정하여 하이라이트 패턴을 변경하고, 렌더링하여 완성한 동영상을 확인합니다.

····TIP····

Material Highlight Option
① Edit : 현재 Scene에서 하이라이트로 처리할 재질을 선택합니다.
② Style : 하이라이트 패턴을 설정합니다.
· 0.0~0.5 : 그리드 무늬
· 0.5~1.0 : 빗살무늬

LUMION 3D

PART

04

스케치업 모델링
활용하기

실내 공간 연출하는 단락으로 스케치업(SketchUp)
에서 제작된 모델링 데이터를 불러와 재질과 조명,
그리고 Movie effect 등으로
연출하여 동영상을 제작하는 과정입니다.
실내 공간에서 중요한 GI 및 Reflection, Light의
연출은 상당히 비중이 있는 것으로, 이번 파트에서
충분한 학습이 이루어지길 바랍니다.

OOI 스케치업을 이용한 인테리어 모델링 불러오기

스케치업 데이터를 루미온에 불러오는 과정과 모델링 수저에 따른 파일 Reload를 통한 작업을 알아보겠습니다.

|예제 및 결과 파일| Part_4\interior3.skp

01 스케치업을 실행하고 **File → Open**을 클릭합니다. [열기] 대화상자가 표시되면 Part_4 폴더의 'Interior.skp' 파일을 선택하고 〈열기〉 버튼을 클릭합니다.

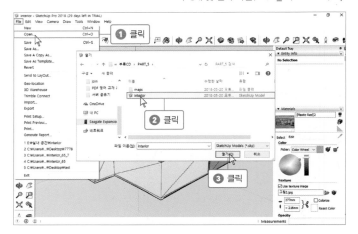

02 루미온을 실행합니다. 새로운 작업 환경을 열기 위해 루미온 시작 화면의 [Start] 탭에서 'Plain'을 더블클릭하여 실행합니다.

03 Objects → Imports → Import New Model을 클릭합니다. [열기] 대화상자에서 Part_4 폴더의 'Interior.skp' 파일을 선택하고 〈열기〉 버튼을 클릭합니다.

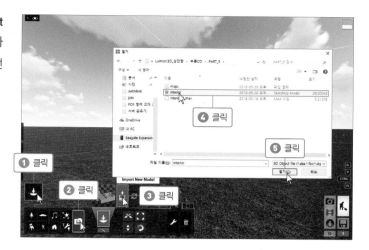

04 외부 파일 불러오기 창이 표시되면 'Add to Library' 아이콘(☑)을 클릭하면 화면에 Error 창이 나옵니다. 〈확인〉 버튼을 클릭합니다.

····TIP
Lumion 8의 경우, SketchUp 2018 버전이 지원되지 않습니다.
····

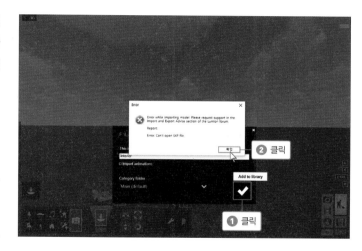

05 SketchUp을 열고, 현재 파일의 버전을 변경하여 저장하기 위해 File → Save file을 클릭합니다.
[다른 이름으로 저장] 대화상자에서 파일 이름을 'interior3.skp'으로 입력하고 SketchUp 버전을 2017로 설정한 후 바탕화면에 저장합니다.

····TIP
참고용으로 Part_4 폴더의 'interior3.skp' 파일을 열어 확인합니다.
····

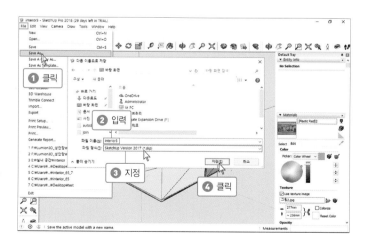

06 루미온으로 이동한 다음 **Objects** → **Imports** → **Import New Model**을 클릭합니다. [열기] 대화상자가 표시되면 바탕화면에서 'interior3.skp' 파일을 선택하고 〈열기〉 버튼을 클릭합니다.

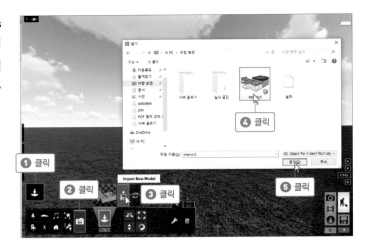

07 외부 파일 불러오기 창이 표시되면 'Add to Library' 아이콘(✔)을 클릭합니다.

08 화면의 빈 공간을 클릭하여 모델링 데이터를 불러옵니다.

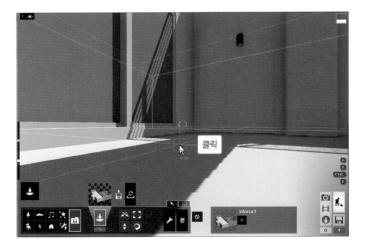

사실적인 재질 적용하기

각각의 오브젝트에 실내 환경에 어울리는 재질을 적용한 다음 TV 화면에 동영상 파일을 적용하여
더욱 사실적인 영상을 만드는 방법을 알아봅니다.

1. 실외 재질 적용하기

|예제 및 결과 파일| Part_4\maps\콘크리트.jpg, 데크나무2.jpg, 돌.jpg

불러온 모델링 데이터에 루미온의 Material를 활용하여 유리와 금속, 폴리싱 재질 등을 적용해
보겠습니다.

01 그림과 같이 전면에 큰 창이 보이도
록 View를 잡고 'Material' 아이콘( )을 클릭
하여 활성화한 다음, 창문 오브젝트의 유리 부
분을 선택합니다.

02 Material library 창이 표시되면
[Indoor] 탭의 Glass를 클릭하고, 그림과 같
은 재질을 선택하여 적용합니다.

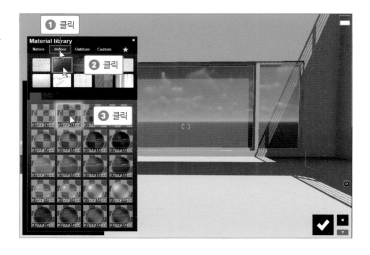

03 그림과 같이 벽면을 선택하여 Material library 창을 표시하고 [Custom] 탭에서 'Standard'를 선택합니다.

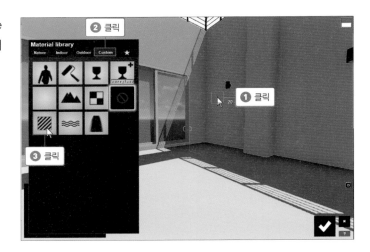

04 Material 창에서 'Choose Color Map' 아이콘(■)을 클릭합니다.
[열기] 대화상자가 표시되면 Part_4 폴더 내부의 maps 폴더에서 '콘크리트.jpg' 파일을 선택하고 〈열기〉 버튼을 클릭합니다.

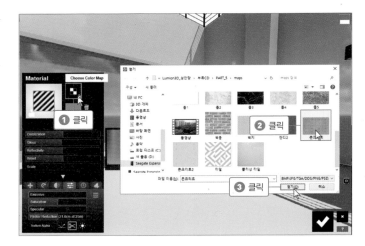

05 Colorization, Gloss, Reflectivity를 각각 '0'으로 설정합니다. Relief를 '2.0', Scale을 '2.7'로 설정합니다.

06 바닥 면을 선택하여 Material library 창을 표시하고 [Custom] 탭에서 'Standard'를 선택합니다.

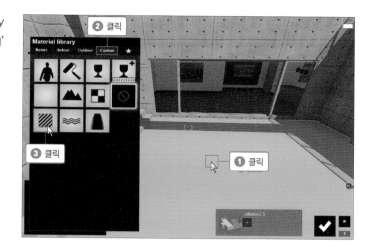

07 Material 창에서 'Choose Color Map' 아이콘(■)을 클릭합니다.
[열기] 대화상자가 표시되면 Part_4 폴더 내부의 maps 폴더에서 '데크나무2.jpg' 파일을 선택하고 〈열기〉 버튼을 클릭합니다.

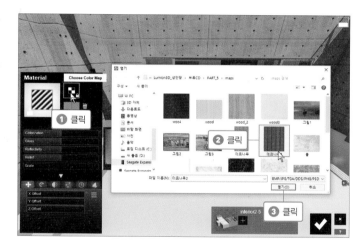

08 Colorization을 '0', Gloss를 '1.1', Reflectivity를 '0.6', Relief를 '1.6', Scale을 '0.5'로 설정합니다.

09 조경 면을 선택합니다. Material library 창이 표시되면 [Custom] 탭에서 'Landscape'를 선택합니다.

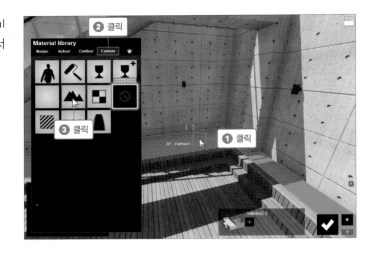

10 그림과 같이 벽등에서 조명 오브젝트의 면 부분을 선택합니다.
Material library 창이 표시되면 [Custom] 탭에서 'Standard'를 선택합니다.

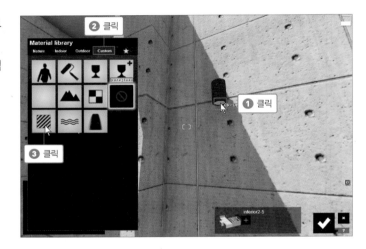

11 Setting 창에서 Emissive를 '214'로 설정합니다. 조명 등에서 빛이 나는 것을 확인할 수 있습니다.

12   계단 오브젝트의 난간 부분을 선택합니다. Material library 창이 표시되면 [Outdoor] 탭의 Metal을 클릭하고, 그림과 같은 재질을 선택하여 적용합니다.

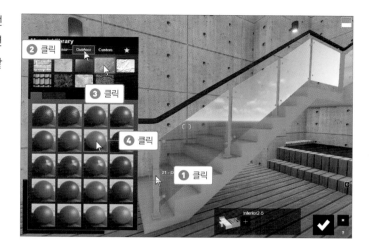

13   Colorization을 '0.5'로 설정하고 기본 색상을 그림과 같이 어두운 회색으로 변경합니다.

14   계단 오브젝트의 면 부분을 선택하여 Material library 창을 표시하고 [Custom] 탭에서 'Standard'를 선택합니다.

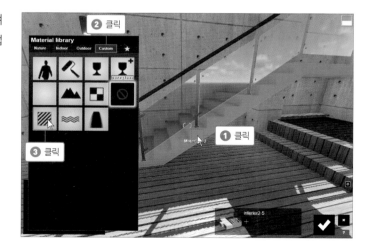

15 Material 창에서 'Choose Color Map' 아이콘(■)을 클릭합니다.
[열기] 대화상자가 표시되면 Part_4 폴더 내부의 maps 폴더에서 '돌.jpg' 파일을 선택하고 〈열기〉 버튼을 클릭합니다.

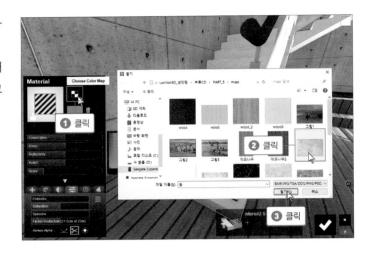

16 Colorization, Gloss, Reflectivity 를 각각 '0'으로 설정합니다. Relief를 '2.0', Scale을 '3.8'로 설정합니다.

17 시간이 많이 지난 느낌의 돌을 표현하기 위해 Weathering을 '0.3'으로 설정하고 Type을 'Stone'으로 지정합니다.

2. 실내 재질 적용하기

실내에 재질을 적용하는 방법은 실외와 같습니다. 여기서는 동영상 파일을 TV 화면에 재질로 사용하는 방법을 알아봅니다.

|예제 및 결과 파일| Part_4\maps\벽지.jpg, 데크나무2.jpg, wood4.jpg, 돌4.jpg, 돌5.jpg, 동영상2.mp4

01 View를 실내로 이동하고, 그림과 같이 바닥 면을 선택합니다.

Mate rial library 창이 표시되면 [Indoor] 탭의 Tile을 클릭하고, 두 번째 페이지에서 그림과 같은 재질을 선택하여 적용합니다.

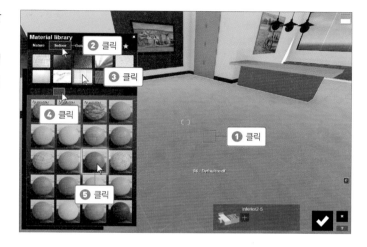

02 벽면을 선택하여 Material library 창을 표시하고 [Custom] 탭에서 'Standard'를 선택합니다.

03 Material 창에서 'Choose Color Map' 아이콘(■)을 클릭합니다.

[열기] 대화상자가 표시되면 Part_4 폴더 내부의 maps 폴더에서 '벽지.jpg' 파일을 선택하고 〈열기〉 버튼을 클릭합니다.

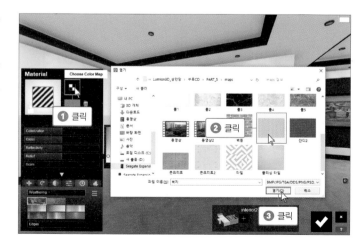

04 Colorization을 '0', Gloss를 '0', Reflectivity를 '0.6', Relief를 '2', Scale을 '4.5'로 설정합니다.

05 걸레받이와 몰딩의 면 부분을 선택하여 Material library 창을 표시하고 [Custom] 탭에서 'Standard'를 선택합니다.

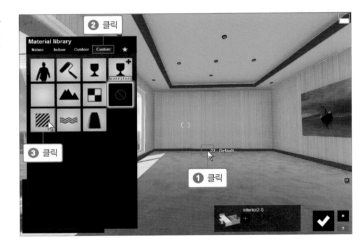

06 Material 창에서 'Choose Color Map' 아이콘(■)을 클릭합니다.
[열기] 대화상자가 표시되면 Part_4 폴더 내부의 maps 폴더에서 'wood4.jpg' 파일을 선택하고 〈열기〉 버튼을 클릭합니다.

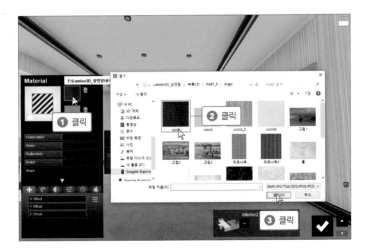

07 Colorization과 Gloss를 각각 '0', Reflectivity를 '0.6', Relief를 '2.0', Scale을 '4.5'로 설정합니다.

08 의자 오브젝트의 면 부분을 선택하여 Material library 창을 표시하고 [Custom] 탭에서 'Standard'를 선택합니다.

09 Material 창에서 'Choose Color Map' 아이콘( )을 클릭합니다.
[열기] 대화상자가 표시되면 Part_4 폴더 내부의 maps 폴더에서 '데크나무2.jpg' 파일을 선택하고 〈열기〉 버튼을 클릭합니다.

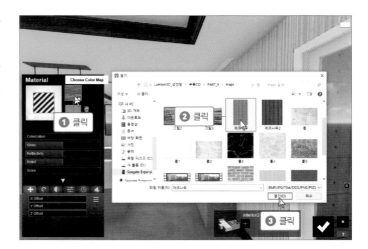

10 Colorization을 '0', Gloss를 '0.8', Reflectivity를 '0.4', Relief를 '0.5', Scale을 '5'로 설정합니다.

11 식탁 오브젝트의 상판을 선택하여 Material library 창을 표시하고 [Custom] 탭에서 'Standard'를 선택합니다.

12 Material 창에서 'Choose Color Map' 아이콘(■)을 클릭합니다.
[열기] 대화상자가 표시되면 Part_4 폴더 내부의 maps 폴더에서 '돌5.jpg' 파일을 선택하고 〈열기〉 버튼을 클릭합니다.

13 식탁 오브젝트의 하부 면을 선택하고
Material library 창이 표시되면 [Custom] 탭
에서 'Standard'를 선택합니다.

14 Material 창에서 'Choose Color
Map' 아이콘(■)을 클릭합니다.
[열기] 대화상자가 표시되면 Part_4 폴더 내부
의 maps 폴더에서 '돌4.jpg' 파일을 선택하고
〈열기〉 버튼을 클릭합니다.

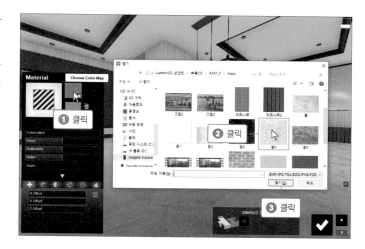

15 Colorization을 '0', Gloss를 '0.2',
Reflectivity를 '0.5', Relief를 '0.3', Scale을
'0.8'로 설정합니다.

16 그림과 같이 앞쪽 벽면을 선택합니다. Material library 창이 표시되면 [Indoor] 탭의 Wood를 클릭하고, 'Wood Floor 019 1024'를 선택하여 적용합니다.

17 옆쪽의 벽장을 선택합니다. Material library 창이 표시되면 [Outdoor] 탭의 Wood를 클릭하고, 그림과 같은 재질을 선택하여 적용합니다.

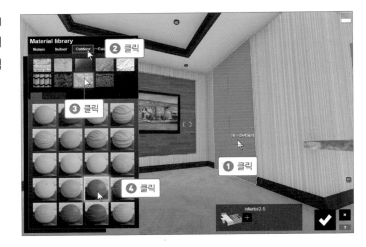

18 그림과 같이 천장에서 조명 오브젝트의 면 부분을 선택합니다. Material library 창이 표시되면 [Custom] 탭에서 'Standard'를 선택합니다.

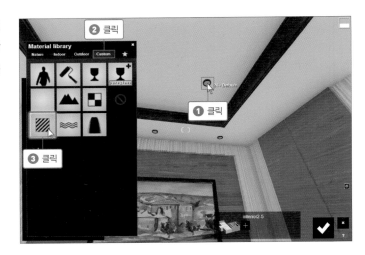

19 Settings 창에서 Emissive를 '270'으로 설정합니다.

20 식탁 위 전구 오브젝트의 면 부분을 선택합니다. Material library 창이 표시되면 [Outdoor] 탭의 Glass를 클릭하고, 그림과 같은 재질을 선택하여 적용합니다.

21 전구 안의 필라멘트를 선택하기 위해 View를 유리 볼 안으로 이동합니다. 이때, Spacebar 키를 누른 채 정교하게 View를 이동합니다.

····TIP····

Spacebar 키를 누른 상태에서 View를 이동하면 정교하게 이동할 수 있지만, 이동 속도가 1/2 배속으로 느려집니다.

22 필라멘트를 선택하여 Material library 창을 표시하고 [Custom] 탭에서 'Standard'를 선택합니다.

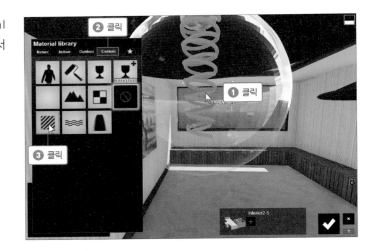

23 Setting 창에서 Emissive를 '1000' 으로 설정합니다. 전구에서 빛이 나는 것을 확인할 수 있습니다.

24 TV 오브젝트에서 화면을 선택하고, Material library 창이 표시되면 [Custom] 탭에서 'Standard'를 선택합니다.

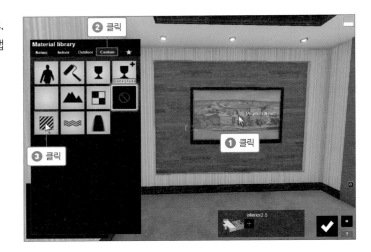

25 Material 창에서 'Choose Color Map' 아이콘(■)을 클릭합니다.
[열기] 대화상자가 표시되면 Part_4 폴더 내부의 maps 폴더에서 '동영상2.mp4' 파일을 선택하고 〈열기〉 버튼을 클릭합니다.

26 Colorization, Relief, Scale을 각각 '0'으로 설정합니다. Gloss를 '1.3', Reflectivity를 '0.4'로 설정합니다.

27 Objects → Light and Utilities → Select Object를 클릭합니다.

28 Light And Utilities Library 창이 표시되면 [Utilities] 탭에서 'Reflection control'을 선택합니다.

29 그림과 같이 바닥 면을 클릭하여 Reflection Control을 만듭니다.

30 'Change Hight' 아이콘(⬍)을 클릭하고, Reflection Control을 바닥 면에서 1.44m 위로 올려 줍니다.

CHAPTER

OO3

Object 배치 및 Light 설치하기

실내 공간에 집기 및 식재 그리고 조명을 설치하는 과정을 정리하겠습니다. 우물 천장 및 할로겐 라이트 등을 연출하고 주경과 야경에 따른 느낌도 만들어 보겠습니다.

01   **Object → Nature**에서 식재를 선택하고, Layer 창에서 2번 Layer를 활성화합니다. 그림과 같이 식물 오브젝트를 배치하여 실외 화단을 조성합니다.

02   같은 방법으로 실내 공간의 유리에 그림과 같이 식물을 심어 줍니다.

03 3번 Layer를 선택하고, **Objects → Lights and special objects → Select object**를 클릭합니다.

04 Light And Utilities Library 창이 표시되면 [Area Light] 탭에서 'Line Light'를 선택합니다.

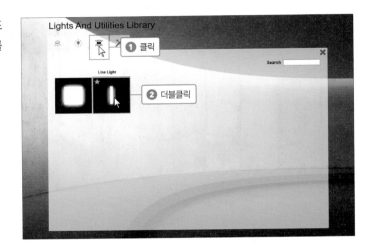

05 화면에서 그림과 같은 부분을 클릭하여 Light를 배치한 다음, Light Properties 창에서 Width를 '3.7'로 설정합니다.

06 'Rotate' 아이콘(↻)을 클릭하고, Pitch를 '−90'으로 설정합니다.

07 'Change Height' 아이콘(↕)을 클릭하여 천장에 붙어 있는 조명을 약간 아래로 내려 줍니다. Light Properties 창에서 Brightness를 '143'으로 설정하고, 조명 색을 그림과 같이 만듭니다.

08 'Move Object' 아이콘(✖)을 클릭하여 활성화한 다음, Shift 키와 Alt 키를 눌러 조명의 높이를 유지하면서, 복사 배치합니다. 같은 방법으로 조명을 하나 더 복사합니다. 'Rotate' 아이콘(↻)을 클릭하고, Heading을 '−90'으로 설정하여 그림과 같이 돌려줍니다.

09 Move Object 기능이 활성화된 상태에서 Shift 키를 눌러 높이를 유지하면서 이동하고, 그림과 같이 배치합니다.
Light Properties 창에서 Width를 '4.3m'로 설정합니다.

10 같은 방법으로 조명을 복사하여, 그림과 같이 천장에 간접 조명을 만듭니다. 벽에도 Line Light를 만들어 주고, 조명 색을 다른 색상으로 지정합니다.

11 앞서 만들어 놓은 Line Light를 복사하여 그림과 같이 배치합니다.

12 그림과 같이 Light를 천장 조명 위치에 만듭니다.

13 'Move Object' 아이콘(🔀)을 클릭하여 활성화합니다. Shift 키와 Alt 키를 눌러 조명의 높이를 유지하면서, 실외에 조명을 상하 방향으로 복사 배치합니다.

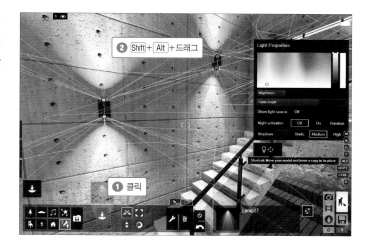

14 Material library 창의 [Indoor] 탭에서 화분 재질을 불러와 적용하고, Nature에서 나무 오브젝트를 불러와 그림과 같이 배치합니다.

OO4   실내 영상 제작하기

여러가지 Movie Effect를 적용하여 실내를 배경으로 한 영상을 제작해보겠습니다. 영상에 적용되는 효과들을 유기적으로 연결하여 결과물을 만들어 봅니다.

|예제 및 결과 파일| Part_4\interior.ls8

01   'Movie' 아이콘(🎞)을 클릭하여 Movie Clip 창으로 이동한 다음 'Record' 아이콘(🎥)을 클릭합니다.

02   이제 동영상에 나타날 View를 지정해 주겠습니다. 그림과 같이 View를 잡고, 'Take Photo' 아이콘(📷)을 클릭합니다.

03 같은 방법으로 그림과 같이 View를 잡고, 'Take Photo' 아이콘(📷)을 클릭하여 Scene을 저장합니다.

04 마지막으로 View를 잡아 주고, 'Take Photo' 아이콘(📷)을 클릭합니다. 오른쪽 아랫부분의 'Back' 아이콘(✔)을 클릭합니다.

05 Movie Effect 창이 표시되면 Add Effect (FX)' 아이콘(**FX**)을 클릭합니다.

06 Select Clip Effect 창의 [Light and Shadow] 탭에서 'Reflection'을 더블클릭하여 선택합니다.

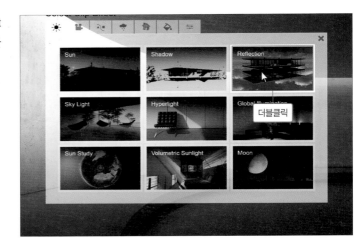

07 Reflection 창에서 'Edit' 아이콘(✎)을 클릭합니다.

08 Reflection 효과가 적용될 재질을 선택하기 위해 'Add Plane' 아이콘(➕)을 클릭하여 활성화합니다. 그림과 같이 유리창, 바닥, 식탁 테이블 상판을 선택하고 'Back' 아이콘(✔)을 클릭합니다.

09 Preview Quality를 'High'로 설정하고, Speedray Reflections를 'On' 상태로 활성화합니다.

그림과 같이 Time Bar를 드래그하여 이동하고 'Build with effect' 아이콘(🏃)을 클릭합니다.

10 그림과 같이 테이블 상판을 선택하여 Material 창을 표시하고 Gloss를 '2.0', Reflectivity를 '1.9'로 설정합니다.

11 바닥 면을 선택하여 Material 창을 표시합니다. Gloss를 '2.0', Reflectivity를 '1.9'로 설정하고, 'Back' 아이콘(✔)을 클릭합니다.

12 효과를 적용하기 위해 'Add Effect (FX)' 아이콘(▪)을 클릭합니다.

13 Select Clip Effect 창이 표시되면 [Light and Shadow] 탭에서 'Global Illumination'을 더블클릭하여 선택합니다.

14 Global Illumination 창에서 'Edit' 아
이콘()을 클릭합니다.

15 Sportlight GI amount을 '53.8'로
설정합니다. 화면에서 만들어 놓은 실내 조명
을 모두 클릭하여 활성화하고, 'Back' 아이콘
()을 클릭합니다.

16 작업 중 PC가 급격히 느려지면, 'Back
effect' 아이콘()을 클릭합니다.

17 'Disable effect' 아이콘(⌀)을 클릭하여 GI 효과를 잠시 비활성화합니다. 다른 효과를 적용하기 위해 'Add Effect (FX)' 아이콘(FX)을 클릭합니다.

18 Select Clip Effect 창이 표시되면 [Camera] 탭을 클릭하고 '2-point Perspective'를 더블클릭하여 선택합니다.

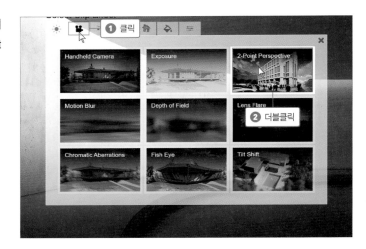

19 Two point perspective을 'On' 상태로 활성화한 다음 Add Effect (FX) 아이콘(FX)을 클릭합니다.

20 Select Clip Effect 창에서 [Colors]
탭을 클릭하고 'Color Correction'을 더블클릭
하여 선택합니다.

21 Temperature를 '0.5', Tint를 '0.2',
Contrast를 '0.6', Saturation을 '0.8'로 설
정합니다. 이제 영상 색상을 보정하겠습니다.
'Add Effect (FX)' 아이콘(FX)을 클릭합니다.

22 Select Clip Effect 창이 표시되면
[Color] 탭을 클릭하고 'Bloom'을 더블클릭하
여 선택합니다.

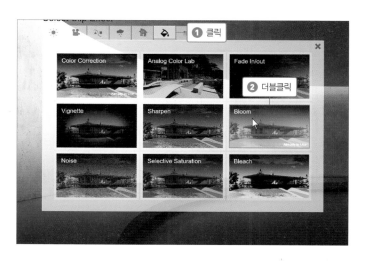

23 Bloom 창에서 Amount를 '0.3'으로 설정하여 따뜻한 느낌의 영상으로 만듭니다. 다른 효과를 적용하기 위해 'Add Effect (FX)' 아이콘(FX)을 클릭합니다.

24 Select Clip Effect 창이 표시되면 [Color] 탭을 클릭하고 'Sharpen'을 더블클릭하여 선택합니다.

25 Intensity를 '1.0'으로 설정하여 선명함을 더합니다. 'Add Effect (FX)' 아이콘(FX)을 클릭합니다.

26 Select Clip Effect 창에서 [Color] 탭을 클릭하고 'Fade In/Out'을 더블클릭하여 선택합니다.

27 Fade In/Out 창의 Settings에서 'Black'을 선택하고, 'Back to effect' 아이콘 (◀)을 클릭합니다.

28 'Enable effect' 아이콘(◉)을 클릭 하여 앞에서 설정한 GI 효과를 활성화고 마무 리합니다.

CHAPTER

OO5 Mylumion 동영상 제작하기

이전 과정에서 만든 파일을 렌더링하여 동영상으로 만들어 보겠습니다. 기본적으로 동영상은 mp4 파일 형식으로 만들어집니다.

|예제 및 결과 파일| Part_4\interior.mp4

01 렌더링 과정을 진행하기 위해 'Render Movie' 아이콘(回)을 클릭합니다.

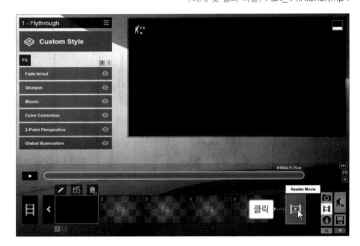

02 Render Movie 창이 표시되면 [Entire Movie] 탭에서 영상의 크기를 'HD'로 지정합니다.
[다른 이름으로 저장] 대화상자에서 파일 저장 경로를 바탕화면으로 지정하고, 파일 이름에 '실내공간.mp4'을 입력한 다음 〈저장〉 버튼을 클릭합니다.

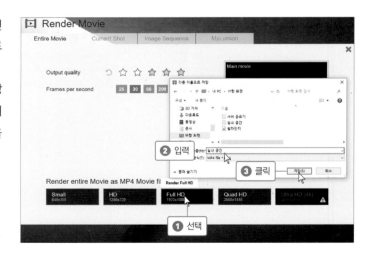

03 렌더링이 진행됩니다.

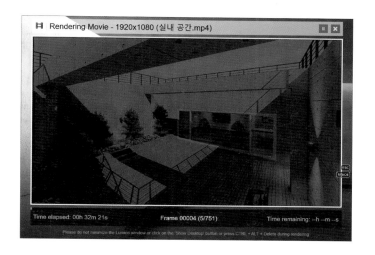

04 'Panorama' 아이콘(⬇)을 클릭합니다. View를 화단에서 실내를 바라보는 시점으로 잡아 주고, 'Store Viewpoint' 아이콘(📷)을 클릭합니다.

05 실내의 중간 지점으로 이동하고, 그림과 같이 시점을 조정합니다. 'Store Viewpoint' 아이콘(📷)을 클릭합니다.

06 그림과 같이 테이블을 바라보도록 시점을 이동합니다. 'Take Photo' 아이콘(📷)을 클릭하여 Scene을 저장하고, Add Effect (FX)' 아이콘(FX)을 클릭합니다.

07 Select Clip Effect 창의 [Light and Shadow] 탭에서 'Reflection'을 더블클릭하여 선택합니다.

08 Preview Quality를 'High'로 설정하고, Speedray Reflections를 'On' 상태로 활성화합니다. 세부 항목을 설정하기 위해 'Edit' 아이콘(✏)을 클릭합니다.

09 Reflection 효과가 적용될 재질을 선택하기 위해 'Add Plane' 아이콘(➕)을 클릭하여 활성화합니다. 그림과 같이 유리창, 바닥, 식탁 테이블 상판을 선택하고 'Back' 아이콘(✔)을 클릭합니다.

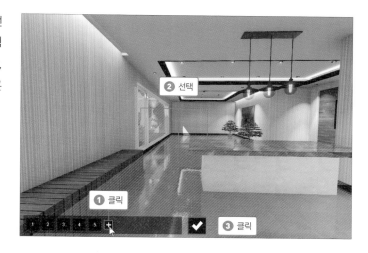

10 Location 3에서 Menu → Edit → Copy effects를 선택하여 현재 적용된 효과를 복사합니다.

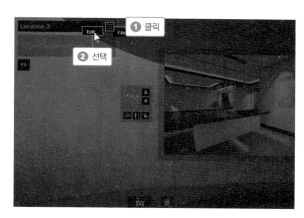 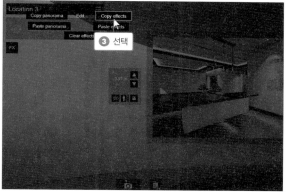

11 Location 2를 클릭하고, Menu → Edit → Paste effects를 선택하여 복사한 효과를 적용합니다.

 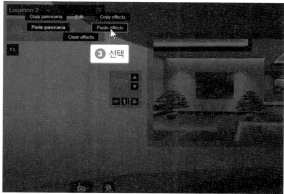

12 오른쪽 아랫부분에서 MyLumion을
클릭합니다.

13 Settings 창이 표시되면 Email,
Title, Description 등을 입력하고 Start
Rendering to Mylumion을 클릭합니다.

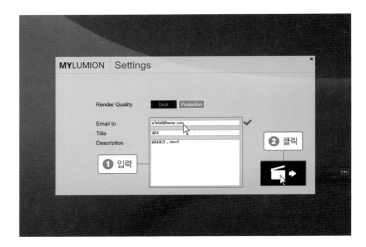

14 Mylumion에서 제공하는 이미지를
렌더링하는 과정을 확인합니다.

15 렌더링 작업이 끝나면, 그림과 같은 창이 열립니다. 〈View in Browser〉 버튼을 클릭합니다.

16 그림과 같이 웹페이지에서 루미온에서 제작한 동영상의 View를 확인할 수 있는 Viewer가 제공됩니다.

17 Settings 창에서 입력한 메일 계정에 접속한 다음, Mylumion에서 발송된 메일을 확인하고 View Project를 클릭합니다.

LUMION 3D

3ds Max
모델링을 활용해
익스테리어
영상 제작하기

현재 건축 모델링 시장에서 가장 많이
사용하는 모델링 솔루션은 3ds Max입니다.
이번 파트에서는 3ds Max 데이터를
활용한 Scene을 연출해 보겠습니다.
여기서는 3ds Max를 활용한 모델링 과정은
생략되며, 완성된 3D 데이터를 사용합니다.

CHAPTER

OO1 3ds Max의 익스테리어 모델링 불러오기

건축물 파일을 불러오는 작업을 정리해 보겠습니다. 우선, 3ds Max 파일을 FBX 확장자로 저장한 후 Lumion으로 불러와야 합니다. 3ds Max 데이터를 직접 불러올 수도 있지만 작업 중인 PC에 3ds Max가 설치되어 있어야 하며, 3ds Max의 시스템을 경유해야 하기 때문에 작업 속도가 많이 느린 단점이 있습니다.

|예제 및 결과 파일| Part_5\빌라동\빌라.max

01 3ds Max에서 파일을 불러오기 위해 Open File 창을 열고 Part_5 폴더 내부의 빌라동 폴더에서 '빌라.max' 파일을 더블클릭하여 실행합니다.

····TIP·····
첨부된 모델링 데이터는 2014 이상 버전에서 사용할 수 있습니다.

02 File → **Export**를 클릭하여 [Select File to Export] 대화상자를 표시합니다. 내보낼 파일의 저장 위치를 바탕화면으로 지정하고, 파일 이름에 '빌라.FBX'를 입력한 다음 〈Save〉 버튼을 클릭합니다.

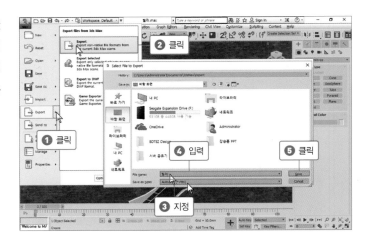

03 [FBX Export] 대화상자가 표시되면 〈OK〉 버튼을 클릭합니다.

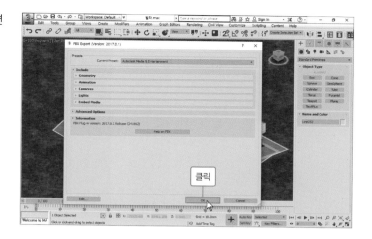

04 루미온을 실행합니다. 새로운 작업 환경을 열기 위해 루미온 시작 화면의 [Start] 탭에서 'Plain'을 더블클릭하여 실행합니다.

05 Objects → Imports → Import New Model을 클릭합니다. [열기] 대화상자 에서 바탕화면의 '빌라.FBX' 파일을 선택하고 〈열기〉 버튼을 클릭합니다.

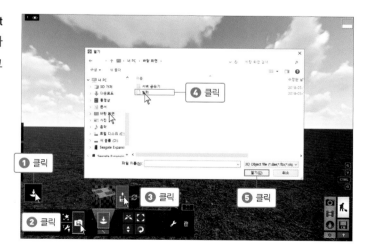

06 외부 파일 불러오기 창이 표시되면
'Add to Library' 아이콘(☑)을 클릭합니다.

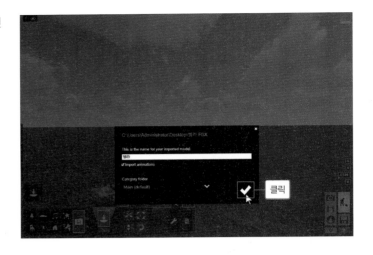

07 화면의 빈 공간을 클릭하여 모델링
데이터를 불러옵니다.

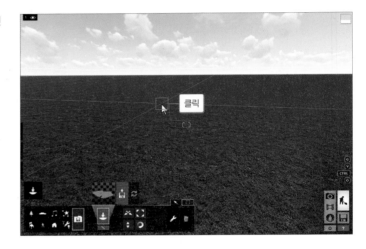

08 시점을 뒤로 이동하여 불러온 건물
데이터가 정상적으로 표시된 것을 확인합니다.

 CHAPTER

002 재질 적용하여 기본 색상 바꾸기

불러온 건축물에 각각의 재질을 적용하는 방법을 알아보겠습니다. 도로의 아스팔트와 지붕의 부식 판넬의 기본 색상을 변경하는 부분을 유의해서 재질을 적용해 봅니다.

01 'Material' 아이콘(⊙)을 클릭하여 활성화하고, 그림과 같이 도로의 아스팔트를 선택합니다.

02 Material library 창이 표시되면 [Outdoor] 탭의 Asphalt를 클릭하고, 'Asphalt Wet'을 선택하여 적용합니다.

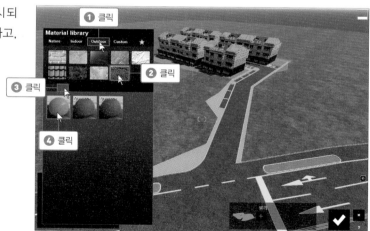

03 Colorization을 '0.4'로 설정하고 아스팔트의 색상으로 어두운 회색으로 변경합니다.

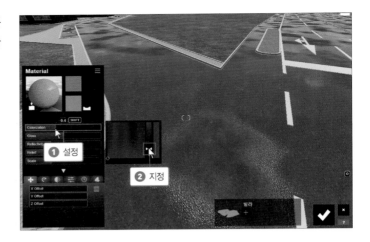

04 Reflectivity를 '0.5'를 설정하여 물의 반사를 줄이고, 아스팔트의 크기를 줄이기 위해 Scale을 '8.5'로 설정합니다.

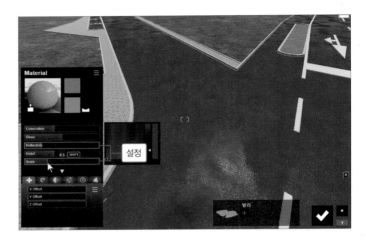

05 건물 오브젝트가 잘 보이도록 화면을 확대하고 유리창을 선택합니다. Material library 창의 [Outdoor] 탭에서 Glass를 클릭하고, 그림과 같은 재질을 선택하여 적용합니다.

06 지붕에도 재질을 적용하기 위해 지붕을 선택하여 Material library 창을 표시합니다. [Outdoor] 탭에서 Metal 을 클릭하고, 그림과 같은 재질을 선택하여 적용합니다.

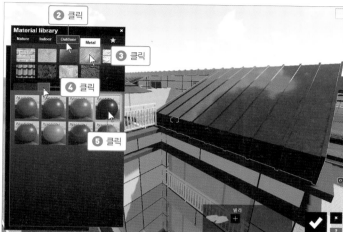

07 건물 외곽의 잔디를 선택합니다. Material library 창의 [Nature] 탭에서 Grass를 클릭하고, 그림과 같은 재질을 선택 하여 적용합니다.

08 건물 바로 앞 부분의 잔디를 선택하 여 Material library 창을 표시하고 [Custom] 탭에서 'Landscape'를 선택합니다.

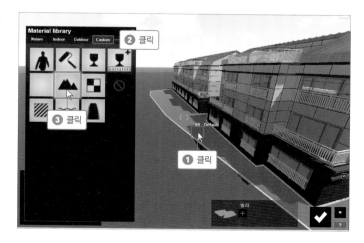

09　건물의 몰드를 선택하여 Material library 창을 표시하고 [Custom] 탭에서 'Standard'를 선택합니다.

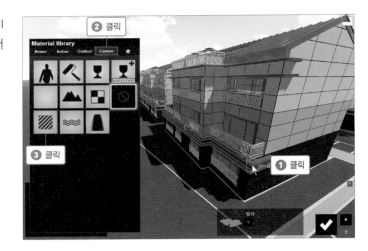

10　Material 창에서 Colorization을 '0.6'으로 설정하고 색상을 붉은 갈색으로 만듭니다.

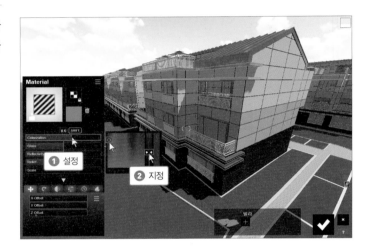

11　Reflectivity를 '0.4'로 설정하여 반사율을 조절합니다. 이제 난간에 재질을 적용하겠습니다.

12 건물 오브젝트의 난간을 선택하여 Material library 창을 표시합니다. [Outdoor] 탭에서 Metal을 클릭하고, 그림과 같은 재질을 선택하여 적용합니다.

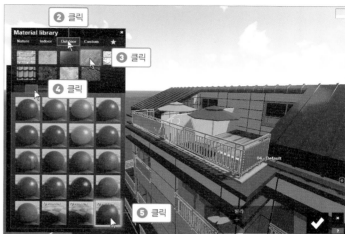

13 Landscape → Grass를 클릭하여 활성화합니다. Grass Size를 '0.4', Grass Hight를 '2.8'로 설정합니다.

14 Object → Imports를 클릭하여 활성화합니다. 'Change Hight' 아이콘(⬍)을 클릭한 다음 모델링 데이터를 위로 올려 잔디가 뚫고 나오지 않게 위치를 조정합니다.

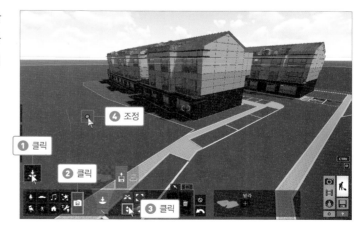

15 Objects → Lights and special objects → Select object를 클릭합니다.

16 Light And Utilities Library 창이 표시되면 [Utilities]의 'Reflection control'을 더블클릭하여 선택합니다.

17 그림과 같이 건물의 가운데 부분을 클릭하여 Reflection Control을 만듭니다. 'Change Hight' 아이콘(⬍)을 클릭하고, Reflection Control을 사람 눈높이 이상으로 올려 줍니다.

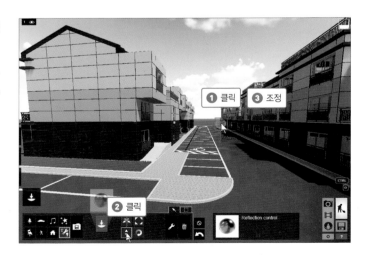

CHAPTER

OO3 Object 배치 및 Layer로 구분하기

루미온에서 제공하는 모델링 데이터를 활용하여 공간을 구성한 다음, 조경과 사람 그리고 차량 등을 배치해 보겠습니다. 각각의 오브젝트는 별도의 Layer로 구성하여 관리합니다.

01 실외에 나무를 심기 위해 Layer 창에서 2번 Layer를 선택하고 Layer name을 'Outside_tree'로 지정합니다.

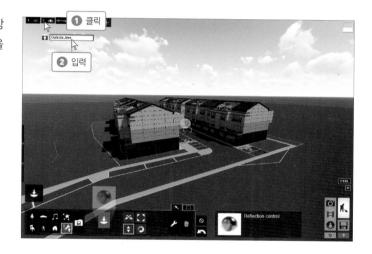

02 Nature → Select Object를 클릭합니다.

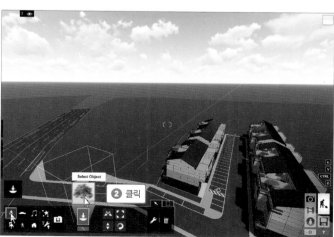

03 Nature Library 창에서 원하는 나무 오브젝트를 선택하고, Ctrl 키를 누르며 주변에 배치합니다.

04 그림과 같이 주변의 대지에 나무 오브젝트를 넓게 배치하고, Layer 창에서 2번 Layer의 눈 아이콘을 클릭하여 나무를 숨겨 줍니다.

 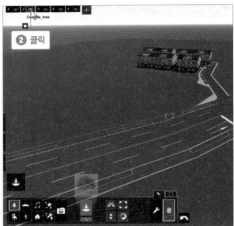

05 3번 Layer를 선택합니다. Layer name을 '가로수'로 지정하고 **Nature** → **Select Objects**를 클릭합니다.

06 Nature Library 창이 열리면 [Palm] 탭에서 그림과 같이 높은 야자수를 더블클릭하여 선택합니다.

07 그림과 같이 클릭하여 야자수를 배치하고, 같은 방법으로 작은 야자수를 다시 선택해서 추가합니다.

08 같은 방법으로 화단에 식물을 배치합니다.

09 Layer 창에서 4번 Layer를 선택하고 Layer name을 '사람'으로 지정합니다.

10 **People And Animals → Select Object**를 클릭하고, Character Library 창에서 원하는 사람 오브젝트를 선택하여 그림과 같이 옥상에 배치합니다.

11 Layer 창에서 3번 Layer의 눈 아이콘을 클릭하여 가로수를 숨겨 줍니다.
다시 4번 Layer를 선택하고, 진입 도로에 그림과 같이 걸어가는 사람을 배치합니다.

12 사람이 모두 배치되면 Layer 창에서 4번 Layer의 눈 아이콘을 클릭하여 사람을 숨겨 줍니다. 5번 Layer를 선택하고 Layer name을 '자동차'로 지정합니다.

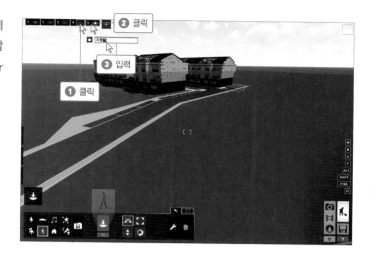

13 그림과 같이 앞쪽에 큰 도로가 보이도록 시점을 조정합니다.

Objects → Transport → Mass Placement를 클릭하여 활성화하고 Select Object를 선택합니다.

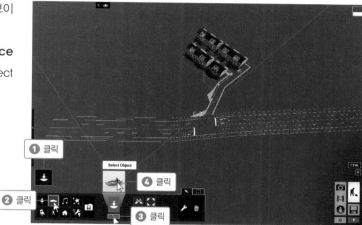

14 Transport Library 창이 표시되면 [Cars] 탭의 첫 번째 페이지에서 그림과 같은 차종을 더블클릭하여 선택합니다.

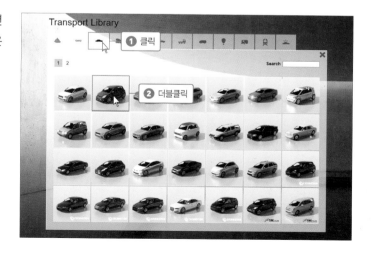

15 Mass Placement 기능이 활성화된 상태에서 [Ctrl] 키를 누른 채 자동차가 배치될 지점을 클릭합니다. 화면 아래에서 Number Of Items를 '20', Direction을 '180', Randomize offset from line을 '1.0'으로 설정합니다. 배치된 차종을 다양하게 추가하기 위해 '+' 아이콘(➕)을 클릭합니다.

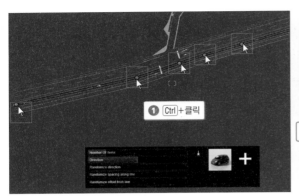
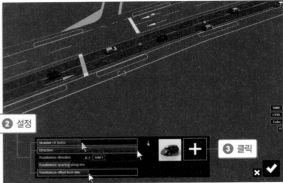

16 Transport Library 창이 표시되면 그림과 같이 차종을 선택합니다.

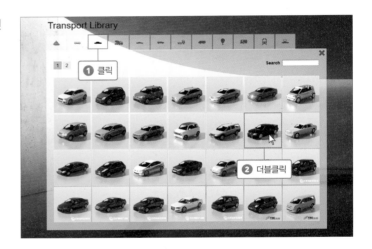

17 화면에 두 대의 차종이 섞여 나타납니다. 같은 방법으로 세 대의 차종을 추가로 선택합니다. 그림과 같이 차량이 배치되면 〈OK〉 버튼을 클릭합니다.

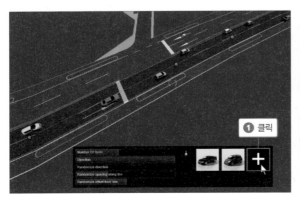
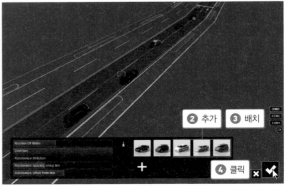

18 같은 방법으로 반대편 도로에도 자동
차 오브젝트를 배치합니다.

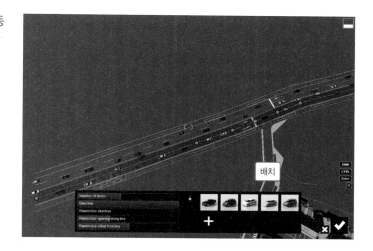

19 진입 도로와 아파트 단지에 주차 차
량을 그림과 같이 배치합니다.

····TIP·········
이때, 반드시 Place Object를 누르고 배치합
니다
·················

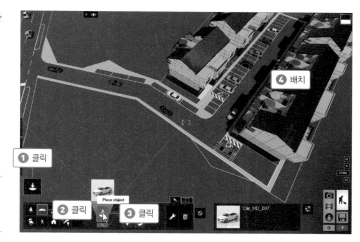

20 숨겨진 3번 가로수, 4번 사람 Layer
의 눈 아이콘을 클릭하여 활성화합니다. 2번
나무 Layer는 계속 숨겨 두고, 'Movie' 아이콘
(■)을 클릭합니다.

 CHAPTER

OO4 실외 영상 제작하기

Animation과 Camera Motion을 만들고, 영상의 품질에 직접적인 관계가 있는 Effect를 적용해 실외 영상을 제작하는 방법을 알아봅니다.

1. 동영상 제작하기

|예제 및 결과 파일| Part_5\빌라동\빌라동.ls8

지금까지 다뤄온 기능과 효과를 사용하여 동영상을 만드는 방법을 알아보겠습니다.

1 | Scene 저장하기

01 Movie Clip 창으로 이동한 다음 'Record' 아이콘(■)을 클릭합니다.

02 이제 View를 지정해 주겠습니다. 그림과 같이 길 반대편의 야자수 위에서 건물을 바라보도록 시점을 조정하고, 'Take Photo' 아이콘(■)을 클릭합니다.

03   큰 도로와 접하는 부분으로 시선을
이동하고 'Take Photo' 아이콘(📷)을 클릭합
니다.

04   도로가 꺾이는 지점으로 이동한 후 'Take Photo' 아이콘(📷)을 클릭합니다. 그림과 같이 건물 단지 초입에서
전면을 바라도록 시점을 조정하고 'Take Photo' 아이콘(📷)을 클릭하여 Scene을 저장합니다.

05   반대편으로 이동하고, 그림과 같이 단
지 안쪽을 바라보도록 시점을 조정합니다.
'Take Photo' 아이콘(📷)을 클릭한 다음 오
른쪽 아랫부분의 'Back' 아이콘(✔)을 클릭합
니다.

2 | 오브젝트 동선 만들기

01 'Add Effect (FX)' 아이콘(FX)을 클릭하여 Select Clip Effect 창을 표시합니다. [Scene and Animation] 탭을 클릭하고 'Mass Move'을 더블클릭하여 선택합니다.

02 Mass Move 창에서 'Edit' 아이콘(✎)을 클릭합니다.

03 사람 오브젝트에 움직임을 적용하기 위해 사람이 이동할 동선을 따라 Ctrl 키를 누른 채 클릭합니다. 화면에 흰색 Node가 생성됩니다.

04 맞은편 인도에도 사람의 동선을 만들기 위해 'Add Path' 아이콘(⬇)을 클릭하고, 그림과 같이 인도의 시작점을 클릭합니다.

05 Ctrl 키를 누른 채 그림과 같이 클릭하여 오브젝트의 동선을 만들어 줍니다.

06 현재 Path의 방향을 역방향으로 만들기 위해 'Toggle Dual Direction' 아이콘(🔁)을 클릭하고, 'Recalculate path' 아이콘(🔄)을 클릭합니다.

07 'Play' 아이콘(▶)이 만들어집니다. 클릭하면 사람 오브젝트가 지정한 동선을 따라 걸어가는 것을 확인할 수 있습니다.

08 단지 내에 차량의 움직임을 만들기 위해 'Add Path' 아이콘(⬇)을 클릭합니다. 그림과 같이 Node를 추가하여 자동차 동선을 만들고, 수직으로 꺾이는 부분의 Node는 Smoothness를 '26%'로 설정하여 모서리를 부드럽게 만듭니다.

09 Path width를 '5.10m', Car/Object Speed를 '21.03km/h'로 설정합니다. 'Toggle Dual Direction' 아이콘(⬍)을 연속해서 세 번 클릭합니다.

10 다시 'Add Path' 아이콘(⬇)을 클릭합니다, 그림과 같이 큰 도로의 끝 지점을 클릭하여 시작 Node를 만듭니다.

11 가운데 선을 중심으로 클릭하여 Node를 추가합니다.

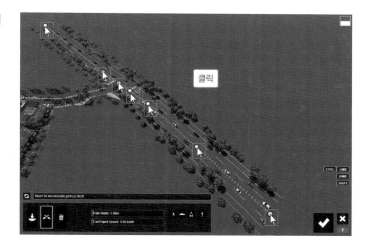

12 Path width를 '16m', Car/Object Speed를 '70km/h'로 설정하고 'Toggle Dual Direction' 아이콘(⬍)을 클릭합니다.

3 | 사실적인 영상 연출하기

01 이제 사실적인 영상을 만들기 위해 여러 가지 효과를 적용하겠습니다. 'Add Effect (FX)' 아이콘(FX)을 클릭합니다.

02 Select Clip Effect 창이 표시되면 [Light and Shadow] 탭을 클릭하고 'Reflection'을 더블클릭하여 선택합니다.

03 Reflection 창에서 'Edit' 아이콘(✎)을 클릭합니다.

04 Reflection 효과가 적용될 재질을 선택하기 위해 'Add Plane' 아이콘(➕)을 클릭하여 활성화합니다.
그림과 같이 유리창을 선택하면 같은 열의 유리가 그림처럼 선택됩니다.

05 다시 'Add Plane' 아이콘(➕)을 클릭하고, 다른 유리창을 그림과 같이 선택합니다.

06 같은 방법으로 맞은편 건물의 유리창도 모두 선택하고 'Back' 아이콘(✔)을 클릭합니다.

07 'Add Effect (FX)' 아이콘(FX)을 클릭하여 Select Clip Effect 창을 표시하고, [Light and Shadow] 탭에서 'Sun'을 더블클릭하여 선택합니다.

08 Sun height를 '0.4', Sun heading을 '−0.6'으로 설정하고 다시 'Add Effect (FX)' 아이콘(FX)을 클릭합니다.

09 Select Clip Effect 창이 표시되면 [Light and Shadow] 탭에서 'Shadow'를 더블클릭하여 선택합니다.

10 Interior/Exterior를 '1'로 설정합니다. Shadow Type를 'Ultra Sharp', Fine Detail Shadows를 'On' 상태로 설정하고 'Add Effect (FX)' 아이콘(FX)을 클릭합니다.

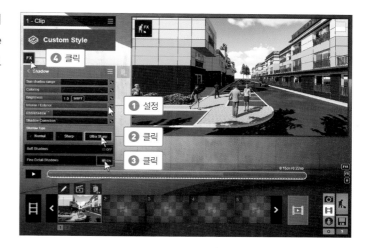

11 Select Clip Effect 창의 [Camera] 탭에서 '2-Point Perspective'를 더블클릭하여 선택합니다.

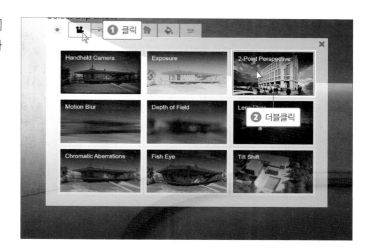

12 Two-Point Perspective를 'On' 상태로 설정하고 'Add Effect (FX)' 아이콘(FX)을 클릭합니다.

4 | 영상 색상 보정하고 마무리하기

01 영상 색상을 보정하기 위해 Select Clip Effect 창의 [Color] 탭에서 'Color Correction'을 더블클릭하여 선택합니다.

02 Temperature를 '0.3', Tint를 '0.3'으로 설정합니다.

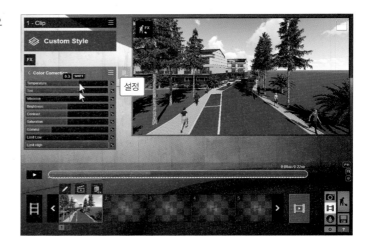

03 Contrast를 '0.7', Saturation을 '0.9', Vibrance를 '1.2'로 설정하고 'Add Effect (FX)' 아이콘(FX)을 클릭합니다.

04 Select Clip Effect 창이 표시되면 [Color] 탭에서 'Bloom'을 더블클릭하여 선택 합니다.

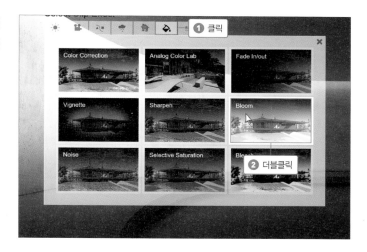

05 Bloom 창에서 Amount를 '0.4'로 설정하고 'Add Effect (FX)' 아이콘(FX)을 클릭합니다.

06 Select Clip Effect 창이 표시되면 [Weather and Climate] 탭에서 'Autumn Colors'을 더블클릭하여 선택합니다.

07 Autumn Colors에서 Layer를 '2'로 설정하고 'Build With Effect' 아이콘()을 클릭합니다. Object를 활성화하고, 2번 Layer의 눈 아이콘을 클릭하여 'Show'로 변경합니다.

08 Hue를 '0.2', Saturation을 '1.1', Hue Variation을 '0.8'로 설정하고 'Add Effect (FX)' 아이콘(FX)을 클릭합니다.

09 Select Clip Effect 창이 표시되면 [Camera] 탭을 클릭하고 'Tilt Shift'를 더블클릭하여 선택합니다.

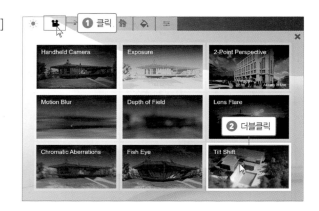

10 Tilt Shift 창에서 Amount를 '0.1'로 설정합니다.

11 Select Clip Effect 창에서 [Color] 탭을 클릭하고 'Fade In/Out'을 더블클릭하여 선택합니다.

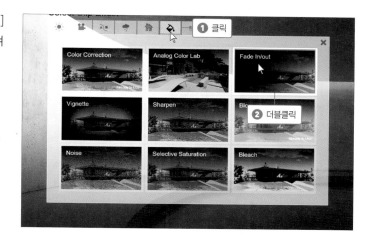

12 Fade In/Out 창의 Settings에서 'Blur'를 선택하여 영상의 끝 부분을 흐림 효과 처리하고 마무리합니다.

CHAPTER

OO5 렌더링하고 마무리하기

앞서 만든 모델링 및 Movie Effect 등을 영상으로 만듭니다. 루미온에서 제작하는 영상은 MP4 파일 형식의 결과물로 나옵니다.

|예제 및 결과 파일| Part_5\빌라단지.mp4

01　동영상 파일을 만들기 위해 'Render Movie' 아이콘(圖)을 클릭합니다.

02　Render Movie 창이 표시되면 [Entire Movie] 탭에서 영상의 크기를 'Full HD'로 지정합니다.

03 [다른 이름으로 저장] 대화상자에서 파일 저장 경로를 바탕화면으로 지정하고, 파일 이름에 '빌라단지'를 입력한 다음 〈저장〉 버튼을 클릭합니다.

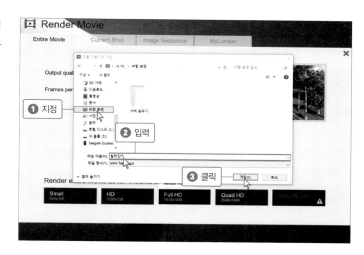

04 렌더링이 진행됩니다.

·····TIP·····

참고용으로 Part_5 폴더의 '빌라단지.mp4' 파일을 재생하여 확인합니다.

Index